UNIDADE
PERFEITA

UNIDADE PERFEITA

A VONTADE DE CRISTO
PARA SUA IGREJA IMPERFEITA

▼

Carol **BAZZO** • Claudia **COSTA MOREIRA**
Durvalina **BEZERRA** • Farley **LABATUT**
Gustavo **FALEIRO** • Igor **MIGUEL**
Jorge Henrique **BARRO** • Maurício **ZÁGARI**
Olgálvaro **BASTOS JÚNIOR**
Vanessa **BELMONTE** • William **DOUGLAS**

▲

Copyright © 2021 por Maurício Zágari (Org.)
Publicado por GodBooks Editora

Edição Maurício Zágari
Preparação Marcelo Santos
Capa Rafael Brum
Revisão Rosa Maria Ferreira
Diagramação Luciana Di Iorio

Os pontos de vista dessa obra são de responsabilidade dos autores e colaboradores diretos, não refletindo necessariamente a posição da GodBooks, da Thomas Nelson Brasil ou de suas equipes editoriais.

Todos os direitos reservados e protegidos pela Lei nº 9.610, de 19/02/1998.
É expressamente proibida a reprodução total ou parcial deste livro, por quaisquer meios (PDFs, eletrônicos, mecânicos, fotográficos, gravação e outros), sem prévia autorização, por escrito, da editora.

CIP-Brasil. Catalogação na publicação
Sindicato Nacional dos Editores de Livros, RJ

U51
Unidade perfeita: a vontade de Cristo para sua igreja imperfeita / organizador Maurício Zágari. – 1.ed. – Rio de Janeiro: GodBooks / Thomas Nelson Brasil, 2022.
192 p.; 13,5 x 20,8 cm.

Vários autores.
ISBN: 978-65-56894-11-9

1. Cristianismo. 2. Sectarismo. 3. Teologia cristã. 4. Vida cristã. I. Zágari, Maurício.

11-2021/58	CDD 230.09

Índice para catálogo sistemático:
1. Cristianismo : Teologia cristã

Categoria: Igreja

Publicado no Brasil com todos os direitos reservados por:
GodBooks Editora
Rua Almirante Tamandaré, 21/1202, Flamengo
Rio de Janeiro, RJ, Brasil, CEP 22210-060
Telefone: (21) 2186-6400
www.godbooks.com.br
Fale conosco: contato@godbooks.com.br

1ª edição: janeiro de 2022

SUMÁRIO

9 Introdução
MAURÍCIO ZÁGARI

27 Unidade na história da igreja: vislumbres do passado, esperança para o futuro
CAROL BAZZO

47 A unidade da igreja e a transformação da sociedade
CLAUDIA COSTA MOREIRA

61 Os benefícios da unidade e os malefícios da falta de unidade para a produção e o ensino do conhecimento teológico e bíblico
DURVALINA BEZERRA

75 Unidade não é uniformidade
FARLEY LABATUT

85 O impacto da unidade e as consequências da falta de unidade nas missões urbanas e nas transculturais
GUSTAVO FALEIRO

99 Unidade evangélica e catolicidade:
o espírito entre cacos
IGOR MIGUEL

115 Lutando juntos pela fé evangélica: o caminho
da unidade das instituições
JORGE HENRIQUE BARRO

137 Como superar os impedimentos para a unidade
da igreja
OLGÁLVARO BASTOS JÚNIOR

155 A unidade por meio da hospitalidade
VANESSA BELMONTE

167 Para que o mundo creia
WILLIAM DOUGLAS

183 Conclusão
MAURÍCIO ZÁGARI

INTRO

INTRODUÇÃO

MAURÍCIO ZÁGARI

Não te peço apenas por estes discípulos, mas também por todos que crerão em mim por meio da mensagem deles. Minha oração é que todos eles sejam um, como nós somos um, como tu estás em mim, Pai, e eu estou em ti. Que eles estejam em nós, para que o mundo creia que tu me enviaste. Eu dei a eles a glória que tu me deste, para que sejam um, como nós somos um. Eu estou neles e tu estás em mim. Que eles experimentem unidade perfeita, para que todo o mundo saiba que tu me enviaste e que os amas tanto quanto me amas.

JOÃO 17.20-23

Jesus está prestes a ser preso e torturado para, horas depois, morrer na cruz. É quando ele ora ao Pai, em uma súplica emocionante. Em suas palavras, quatro aspectos se destacam: o objetivo da oração, os beneficiários, a ênfase e a adjetivação.

O primeiro ponto de atenção da oração é o seu *telos*, o objetivo. A vontade divina para todos os que viriam a crer em Cristo é, nas palavras que ele dirige ao Pai, que "todos eles sejam um, como nós somos um". Um leitor atento percebe que o Senhor

MAURÍCIO ZÁGARI

estabelece como desejo para todos os cristãos um belíssimo e extraordinário referencial: que eles vivam unidade análoga à existente entre as pessoas da Trindade, um padrão elevado e sublime.

O que salta aos olhos é que Jesus não diz algo como: "Veja bem, Pai, se eles não tiverem opiniões divergentes, que sejam um". Nada disso. Não há condicionais. O que há é um absoluto: o Criador de céus e terra tem uma vontade explícita: que todos os cristãos, independente de denominação, faixa etária, cultura, ideologia política ou crenças em fórmulas batismais, regimes de governo eclesiástico, manifestações carismáticas ou doutrinas secundárias da fé, vivam um patamar de unidade análoga ao da Trindade. Preto no branco.

O segundo aspecto que se destaca na fala de Jesus são os beneficiários da oração. Repare que o Senhor pede não por chefes de Estado, reis ou sacerdotes, mas — que honra e privilégio! — em favor de mim e de você. Em "Não te peço apenas por estes discípulos, mas também por todos que crerão em mim por meio da mensagem deles" (v. 20), merece atenção especial o termo *todos*.

Jesus não deseja que "alguns" ou "a maioria" dos que viriam a crer nele vivessem em unidade. Em momento nenhum ele diz almejar que apenas os de Paulo experimentem unidade entre si, nem que somente os de Apolo caminhem em união. Ele não segmenta grupos de cristãos. A concordância absoluta não é o parâmetro, tampouco o pertencimento a este ou aquele segmento do cristianismo: é evidente que a unidade que Jesus almeja está acima das divergências em certos aspectos da fé, de sistemas doutrinários, denominações ou facções. Portanto, é inquestionavelmente evidente que Jesus não estabelece que

INTRODUÇÃO

apenas reformados vivam em unidade entre si, tampouco que só os pentecostais estejam em união, muito menos que os integrantes desta ou daquela denominação estejam unidos: sua oração mira em *todos os que creem nele.*

Essa informação exige uma atenção especial. Por definição, "todos" significa que *não há exceções*: são *todos* os cristãos, de *todos* os tempos, contextos, culturas e lugares. Haveria outra interpretação para "todos" que não fosse... *todos?* Seja no português, seja no grego original πᾶς (*pas*), o termo indica completude, a soma de todas as partes, um conjunto composto pela soma de todos os indivíduos sem deixar nenhum de fora.

Mas o Senhor não para aí. O terceiro aspecto que salta da fala de Cristo é a ênfase que ele dá ao assunto. Como era comum à cultura judaica de então, Jesus imprimia repetições de ideias quando desejava reforçar um conceito que era importante em sua argumentação. E, na sequência, Jesus ora: "Eu dei a eles a glória que tu me deste, *para que sejam um, como nós somos um*" (v. 22). Perceba: por que motivo Cristo glorificou sua igreja? Ele mesmo responde: *para que aqueles que viriam a crer nele fossem um, como ele e o Pai são um*. Novamente, repete-se na oração de Jesus o imperativo de unidade entre os cristãos, tomando por padrão a unidade trinitária. É a repetição que chama à ênfase.

Mesmo tendo Cristo estabelecido e reforçado a unidade da Trindade como referencial para a unidade entre todos os que viriam a crer nele, há aqueles que, tomados por arrogâncias denominacionais, doutrinárias, teológicas ou ideológicas, insistem teimosa e orgulhosamente em não enxergar o óbvio. Nesses, Jesus dá o golpe de misericórdia, no quarto aspecto que merece especial atenção em seu rogo ao Pai. Atente ao adjetivo que ele usa na escolha de termos: "Que eles experimentem *unidade*

MAURÍCIOZÁGARI

perfeita, para que todo o mundo saiba que tu me enviaste e que os amas tanto quanto me amas" (v. 23). Outras traduções estabelecem: "Que eles sejam levados à *plena unidade*" (NVI); "a fim de que *sejam aperfeiçoados na unidade*" (ARA); "para que eles *sejam perfeitos em unidade*" (ARC).

A expressão utilizada pelo apóstolo João no original em grego e que foi traduzida com a ideia de perfeição ou plenitude é τελειόω (*teleioō*), que aponta para "completar", "realizar", "terminar", "cumprir", "(tornar) perfeito". O sentido é claro. E, adote-se o termo que se adotar na tradução, o importante é compreender que, em seu sentido exegético original, o texto torna inquestionável quão elevado é o padrão de unidade que Jesus deseja que todos os cristãos tenham: *perfeita*.

Jesus Cristo não propõe uma unidade relativa, parcial, rancorosa ou aparente. O que ele almeja para todos os que viriam a crer nele é explícito.

Unidade... *perfeita*.

O PESO DA UNIDADE

Uma vez que nos rendamos à vontade divina e compreendamos com humildade que o desejo enfático do coração de Jesus é que *todos* os seus discípulos vivam em unidade *perfeita*, tendo por padrão a unidade que há na Trindade, devemos nos perguntar com honestidade: seria esse um tema secundário, de menor importância, algo que não merece muito de nosso tempo e de nossas energias? Que peso devemos dar a esse assunto? Será que a unidade do corpo de Cristo é algo que "tanto fez quanto tanto faz" ou trata-se de um tema que merece total reflexão e dedicação dos filhos e das filhas de Deus?

INTRODUÇÃO

Parece-me que a resposta é evidente — o que torna o assunto grave e urgente. Se pecado é ação contrária à vontade de Deus, e essa vontade é que a igreja viva em unidade perfeita, seria exagero dizer que militar contra essa mesma unidade configura pecado? Ou seria uma admoestação absolutamente necessária, para que os cristãos se convençam da imperativa necessidade de parar de promover contendas, dissensões e facções entre membros do mesmo corpo espiritual, passem a dedicar esforços para superar suas arrogâncias e vaidades pessoais e institucionais e comecem a agir no entendimento de que devemos ser unidos, como o Filho e o Pai são unidos?

À luz das palavras de Jesus, parece-me que tomar o tema da unidade da igreja como algo de importância menor é uma ofensa ao Cristo de João 17. É virar a cara ao que Jesus dá extremo valor. É desdém com o desejo do coração do Senhor. Porque, se ele enfatizou a importância da unidade entre os cristãos, não é óbvio que nós, seus embaixadores nesta terra, devemos proativamente fazer o mesmo?

Porém, lamentavelmente, quando olhamos para a realidade da igreja de nossos dias, percebemos quão distante ela se encontra do desejo de Jesus expresso em sua oração. É raro o dia em que não vemos calvinistas brigando com arminianos, e vice-versa; cessacionistas debochando de continuístas, e vice-versa; pedobatistas desqualificando credobatistas, e vice-versa; inimigos da missão integral confrontando adeptos da missão integral, e vice-versa; progressistas odiando e agredindo conservadores, e vice-versa; amilenistas diminuindo pré-milenistas, e vice-versa; entre tantos outros conflitos e rusgas no seio do corpo de Cristo.

Por mais surreal que possa ser, brigas e disputas entre cristãos tornaram-se o modo *default* da cristandade. E quem não

MAURÍCIOZÁGARI

entra nessas infindáveis, cansativas e arrogantes brigas e abraça a pacificação como *modus operandi* é rotulado de termos estrategicamente elaborados para desqualificar seu discurso e suas ações, como "isentão", "crente morno", "em cima do muro", "omisso" e coisas piores. Conforme escrevi:

> Divergências teológicas sempre houve na história da igreja, mas, com o advento da internet, elas ganharam proporções planetárias e lançaram multidões de cristãos em "guerras santas" contra seus irmãos em Cristo que pensam de modo discordante. A impressão que dá é que gostamos e nos orgulhamos de dividir a igreja de Cristo, valorizando mais o que temos de diferente do que o que temos em comum. Tornou-se a tônica argumentar à la "creia em tudo o que creio ou seu lugar é na ponta do fuzil". Devemos refletir seriamente sobre isso, se queremos contribuir efetivamente para o vigor da igreja de Cristo, visto que ele mesmo nos alertou: "Todo reino dividido internamente está condenado à ruína" (Mt 12.25).[1]

No livro *Um clamor por unidade e paz na igreja*, o autor de *O peregrino*, John Bunyan, parte em defesa da paz e da unidade entre cristãos ao denunciar a arrogância e a intolerância em certos setores do Corpo de Cristo: "Vemos diariamente que, tão logo os homens chegam a um entendimento mais claro sobre a mente de Deus (para dizer o melhor daquilo em que acreditam),

---

[1] ZÁGARI, Maurício. *Teologia na era da Internet*. Brasília: Editora 371, 2018, p. 170.

INTRODUÇÃO

passam a crer que todos aqueles que não concordam consigo são excomungáveis, se não condenáveis".[2] É quando, ao escrever sobre as palavras de Cristo em sua oração de João 17, Bunyan dá o golpe de misericórdia: "É como se [Jesus] dissesse: 'Vocês podem pregar a meu respeito quanto quiserem, mas não haverá proveito se não houver paz e unidade entre vocês'".[3]

Acredito que a maioria dos cristãos que tentam sabotar a vontade de Cristo no que se refere à unidade da igreja o faz com boas intenções, acreditando estar agindo da forma certa ao defender o que, em sua opinião humana falível, configura o evangelho verdadeiro. Esses são sinceros em seu sectarismo, acreditando estar fazendo a vontade de Deus. Muitos creem, até mesmo, estar realizando apologética ao rejeitar outros cristãos que não concordam consigo em todas as coisas. Seu pecado, portanto, carrega um verniz de boa ação. Porém, quando analisamos os argumentos utilizados por quem age em prol do sectarismo, vemos quão frágeis e incoerentes são os pressupostos utilizados para justificar o injustificável à luz de João 17. Permita-me elencar três desses argumentos, que são os mais comuns.

Há, por exemplo, o *argumento da igualdade*, segundo o qual promover a unidade dos cristãos seria dificílimo e até utopia, tamanha é a variedade de crenças, pensamentos e ramificações no seio da igreja. Esse argumento, porém, não leva em conta que Jesus não propõe igualdade, mas unidade em meio à diversidade. O Senhor nos convida a nos unir pelo que temos de igual em vez de nos segregarmos pelo que temos de diferente. Esse argumento também ignora o fato de que, por

---

[2]Rio de Janeiro: GodBooks, 2021, p. 26.
[3]Idem, p. 45.

MAURÍCIOZÁGARI

mais difíceis que sejam os alvos estabelecidos por Cristo, a Escritura não nos habilita a ignorá-los por serem difíceis de alcançar (Jo 6.60-69).

Outro argumento frequente na rejeição da unidade da igreja é o *argumento do ecumenismo*, que advoga que viver em união com quem não concorda em tudo com o que você crê seria trazer ensinamentos antibíblicos para dentro de um ambiente estéril e teologicamente impoluto. O que esse argumento não leva em conta é que, por mais que o indivíduo confie no sistema teológico que abraça, vai contra a doutrina da depravação total (comum a calvinistas e arminianos) acreditar que aquilo em que se crê é absolutamente escorreito. Em outras palavras, arrogar para as próprias crenças um caráter de total infalibilidade e inerrância é pecado de arrogância e configura, até mesmo, idolatria — por divinizar e atribuir perfeição a sistemas elaborados por humanos imperfeitos.

Um terceiro argumento que poderíamos elencar é o *argumento do exclusivismo*, que advoga que somente uma ou outra linha doutrinária/teológica/denominacional representa o cristianismo verdadeiro. Esse pensamento é absurdo pela exata mesma razão do argumento anterior: nenhum sistema humano, por mais teologicamente aprofundado e lapidado que seja, pode ser considerado inerrante, pois se baseia no entendimento humano de realidades elevadíssimas e sobrenaturalmente maiores do que a razão da carne pode alcançar. Há sempre que se considerar, com humildade, a possibilidade do erro. Como Gutierres Siqueira estabelece com correção na obra *Reino dividido*: "Nenhuma denominação é detentora do reino de Deus. Nenhum sistema teológico engloba a verdade completa da fé cristã. Ninguém está apto a dizer que o seu núcleo denominacional expressa a totalidade do cristianismo".[4]

Seja como for, de um lado, temos argumentos humanos que tentam dar justificativas para a possibilidade de *não* promovermos a unidade entre os cristãos. Do outro lado, há o desejo explícito de Cristo de que todos os que viriam a crer nele vivessem em unidade perfeita, tendo como exemplo a união das pessoas da Trindade. Diante disso, devemos nos perguntar: o errado nessa história seria Cristo ou os que recorrem a esses argumentos e os propagam?

APESAR DAS DIFERENÇAS

O que devemos ter em mente é que, se Jesus desejava a unidade perfeita de todos os cristãos e, obviamente, ele sabia que haveria diferenças e discordâncias entre eles, será que não deveríamos compreender que a unidade da igreja é uma meta desejada por Jesus *apesar* das diferenças?

Diante do entendimento da depravação total dos crentes e da falibilidade humana de absolutamente todo indivíduo (e sistema teológico), como é possível crer que Cristo almejava a união de seus discípulos com base em uma plena concordância e em uma inerrância utópica e absolutamente impossível entre seres humanos sujeitos ao pecado?

Não. A meta da perfeição na unidade não está condicionada a uma suposta perfeição da humanidade. Tampouco a uma perfeição na unanimidade da concordância. Simplesmente porque isso contradiz teologicamente os pressupostos

---

[4]Rio de Janeiro: GodBooks, 2021, p. 34-35.

da hamartiologia. Bunyan, com clareza, afirma a promoção da unidade como dinâmica que deve estar acima de discordâncias por questões secundárias à fé: "A unidade e a paz podem prevalecer apesar da ignorância a respeito de muitas verdades e a despeito da prática de alguns erros. Caso contrário, o dever de mantê-las seria impraticável entre indivíduos imperfeitos".[5]

O doutor Jonathan Menezes faz um diagnóstico preciso das raízes do problema, ao defender que o que impede a união entre os cristãos de segmentos distintos do cristianismo não é a forma diferente com que se relacionam com Deus, mas "a disputa de poder e domínio sobre a verdade": "É o desejo de dizer 'essa é a forma correta', ou 'é assim que Deus quer ser chamado, invocado e adorado'. É a concorrência pela arregimentação de fiéis em torno de uma forma, não ao Cristo".[6]

Menezes adverte que muitos dos que promovem o sectarismo exclusivista e, com isso, tentam sabotar a vontade de Cristo "sequer conseguem notar que suas diferenças não são contradições, e poderiam ser uma fonte de enriquecimento uma à outra, na compreensão e na vivência do Evangelho".[7] Ele aponta um caminho de excelência, visto que sintonizado à vontade de Jesus em João 17:

> Diante desses ensinamentos bíblicos, e percebendo que a cada minuto novas comunidades surgem, com pensamentos diversos, com práticas e vivências diferentes, precisamos focar naquilo que é importante. Renunciar à disputa, ao orgulho, ao egoísmo, à

---

[5] BUNYAN, p. 18.
[6] *Teologia contemporânea*. Londrina: FTSA, 2021, p. 113.
[7] Idem.

INTRODUÇÃO

vaidade, à falta de caridade e de fé naquele que realmente é Justo Juiz, e deixar que a prática do amor e da piedade fale por nós. Vivemos tempos de polarização política e religiosa; tempos em que milhares de novas opiniões são publicadas a cada segundo nas redes sociais. E o acesso à informação é tão livre que acaba produzindo uma constante desinformação. Nossa melhor escolha nesse momento é acessar o Evangelho puro e simples de Jesus.[8]

Esta é a proposta: submeter-nos ao senhorio do evangelho de Jesus e à ação do Espírito Santo em seu desejo de renovar a nossa mente, para que abandonemos a sanha sectária e exclusivista e passemos a viver — de modo prático e cotidiano — a agradável, perfeita e boa vontade de Deus (Rm 12.2). E qual é a vontade de Deus? Jesus foi cirúrgico: a unidade de todos aqueles que creem em Cristo como Senhor de sua vida e Salvador de seu ser.

Não se trata de uma proposta fácil, eu sei, como nenhuma conversão de vida (logo, de pensamento e cosmovisão) é fácil. Não, ela exige dores de parto: a dor da libertação do pecado do sectarismo e o esforço para abraçar a proposta de unidade perfeita que, há tanto tempo, tantos rejeitam. Porém, não há outro caminho para quem quer obedecer a Deus. A parcela sectária e arrogante da igreja de Jesus só viverá no centro da vontade divina quando negar a si mesma em sua arrogância exclusivista e clubista, exorcizar-se do espírito de irmão mais velho do filho pródigo, abraçar a união apesar das diferenças,

---

[8]Idem.

confessar o pecado da promoção de divisões e facções e tomar a cruz de reconhecer publicamente seu erro por tanto tempo defendido.

Não há como dizer de outro modo: quem divide o corpo de Cristo em razão das próprias paixões denominacionais, doutrinárias, ideológicas ou teológicas está em pecado. Simplesmente porque está militando contra a vontade de Jesus, exposta com clareza absoluta em João 17. E, como todo aquele que está em pecado, precisa urgentemente confessá-lo, abandoná-lo e ressignificar sua caminhada com Jesus e com os demais cristãos, a partir do desejo de viver a unidade perfeita com os irmãos em Cristo que divergem em aspectos secundários e periféricos da fé. Sem ignorar que unidade não é ecumenismo ou igualdade. Sem exclusivismos orgulhosos. Antes, com humildade e obediência ao Rei dos reis.

Neste ponto, é importante lembrar que "irmão em Cristo" não é quem pertence à mesma denominação. Tampouco é quem está isento de erros teológicos em suas crenças. Muito menos é quem concorda com você em tudo. Fraternidade em Cristo independe de inerrância — até porque inerrância humana não existe — e de concordância total; depende, isto sim, de uma paternidade em comum. E quem ousa arrogar para si o direito de especificar quem Deus decidiu chamar de filho ou não?

Portanto, não, seu irmão em Cristo não é somente quem fecha com você em tudo aquilo em que você acredita. Se fosse assim, a igreja de Jesus na terra seria composta somente por pessoas desta ou daquela denominação ou linha doutrinária, o que é um pensamento que beira o ridículo para quem compreende a realidade bíblica de que o povo que glorificará a Deus em novos céus e terra é composto por "uma imensa multidão,

INTRODUÇÃO

grande demais para ser contada, de todas as nações, tribos, povos e línguas" (Ap 7.9).

Devemos inaugurar, desde já, a realidade eterna, mediante a promoção nesta vida da unidade perfeita que viveremos em novos céus e nova terra, comungando com irmãos e irmãs em Cristo que falam línguas denominacionais diferentes, têm culturas doutrinárias diferentes, pertencem a tribos teológicas diferentes e integram nações com cores diferentes dentro do imenso degradê de seguidores do evangelho — desde que creiam em Jesus Cristo como Senhor e Salvador e, portanto, componham a multicolorida fraternidade dos filhos de Deus. Não há outro caminho, quando lemos passagens bíblicas como Salmos 133; Eclesiastes 4.12; Mateus 18.20; Romanos 12.4-5,16; 1Coríntios 10.17; 1Coríntios 12.12-13; Gálatas 3.28; Efésios 4.2-4; Filipenses 1.27; Filipenses 2.1-2; Hebreus 2.11; 1Pedro 3.8; e 1João 1.7. Um exemplo: "Irmãos, suplico-lhes em nome de nosso Senhor Jesus Cristo que vivam em harmonia uns com os outros e ponham fim às divisões entre vocês. Antes, tenham o mesmo parecer, unidos em pensamento e propósito" (1Co 1.10).

Na prática, isso significa que, apesar de discordâncias e da possibilidade de erros teológicos em aspectos secundários da fé, presbiterianos e assembleianos precisam se enxergar como irmãos. Calvinistas e arminianos devem viver a paciência, a tolerância e o amor mútuo acima das rusgas eternas entre si. Cessacionistas e continuístas já passaram da hora de conviver em harmonia, promovendo o avanço do reino a que ambos pertencem, em vez de se fecharem em guetos fraticidas. Pedobatistas e credobatistas necessitam compreender que Cristo está indizivelmente acima de fórmulas batismais. Amilenistas e pré-milenistas devem abraçar a verdade de que podem se unir no amor e na evangelização e não se afastar por questões escatológicas. E, em tempos de polarização, cristãos que votam em candidatos e partidos políticos diferentes precisam urgente e desesperadamente parar de pôr paixões por ideologias humanas acima da urgência crística pela unidade entre si.

Ao longo dos próximos capítulos, cristãos e cristãs com diferentes perfis denominacionais, doutrinários e teológicos oferecem importantes reflexões sobre a questão da unidade da igreja, respondendo essencialmente a uma pergunta: quais os benefícios da unidade entre os cristãos e quais os malefícios da falta de unidade entre eles? Peço a Deus que a pluralidade de pontos de vista desses filhos e filhas de Deus ajude você a refletir sobre essa questão urgente e o leve, debaixo da iluminação do Espírito Santo, a enxergar que aquilo que Jesus clamou ao Pai em João 17 não é um assunto desprezível ou de menor importância: é uma das prioridades do reino de Deus nesta terra.

Finalizo compartilhando com vocês o desejo do coração de Paulo:

> Que Deus, aquele que concede paciência e ânimo, os ajude a viver em completa harmonia uns com os outros, como convém aos seguidores de Cristo Jesus. Então todos vocês poderão se unir em uma só voz para louvar e glorificar a Deus, o Pai de nosso Senhor Jesus Cristo. Portanto, aceitem-se uns aos outros como Cristo os aceitou, para que Deus seja glorificado.
>
> **ROMANOS 15.5-7**

Que, em tudo, possamos viver em completa harmonia, unidos e em mútua aceitação, para que Deus seja glorificado.

INTRODUÇÃO

MAURÍCIO ZÁGARI

Teólogo, escritor, editor, comentarista bíblico e jornalista. Recebeu os Prêmios Areté de *Autor Revelação do Ano* e de *Melhor Livro de Ficção* pelo livro *O enigma da Bíblia de Gutenberg* e de *Melhor Livro de Meditação, Oração e Comunhão* por *Confiança inabalável*. É autor de treze livros já publicados; escreveu, com Daniel Faria, os estudos e comentários da *Bíblia Na Jornada com Cristo*; e integrou o comitê de edição de texto da *Nova Versão Transformadora (NVT)* da Bíblia. Zágari é pós-graduado em Comunicação Empresarial (UniBF), bacharel em Jornalismo (PUC-Rio) e Teologia (Faculdade Teológica Sul Americana — FTSA). Publisher da Editora GodBooks, é membro da Igreja Metodista em Botafogo, no Rio de Janeiro (RJ).

UNIDADE NA HISTÓRIA DA IGREJA: VISLUMBRES DO PASSADO, ESPERANÇA PARA O FUTURO

CAROL BAZZO

A história da igreja teve seu início com um pequeno grupo de discípulos de Jesus reunido em Jerusalém, que, após a partida do Mestre, aguardava a descida do Espírito Santo. Como descreve o autor de Atos, os discípulos receberam o poder do Espírito no dia de Pentecostes e falaram em outras línguas, causando admiração e espanto à multidão que estava no local. Há algo curioso e ao mesmo tempo interessante nessa cena, que inclui a promessa de Jesus, uma reunião de oração no cenáculo, diversas nações reunidas em Jerusalém, a descida do Espírito Santo e a explosão das mais diversas línguas. Cheios do Espírito Santo, os discípulos falavam em outras línguas, mas os presentes ali conseguiam ouvir em seu próprio idioma.

CAROLBAZZO

> Ouvindo-se este som, ajuntou-se uma multidão que ficou perplexa, pois cada um os ouvia falar em sua própria língua. Atônitos e maravilhados, eles perguntavam: "Acaso não são galileus todos estes homens que estão falando? Então, como os ouvimos, cada um de nós, em nossa própria língua materna?"
>
> **ATOS 2.6-8**

Diferentemente de Babel, quando Deus confundiu as línguas para que os homens não se entendessem, em Pentecostes a linguagem deixou de ser um problema. Afinal, cada um os ouvia falar em sua própria língua. Aqui está, já no começo da história cristã, um belo quadro da ação do Espírito Santo no Corpo de Cristo: em meio às diferenças, ele promove unidade.

Contudo, devemos observar atentamente os detalhes do que aconteceu em Atos 2. Como explica o historiador Justo González,[1] a ação do Espírito Santo em promover unidade de forma alguma foi sinônimo de uniformidade. As línguas e culturas diferentes estavam ali, como estavam em Babel. Deus não escolheu uma língua oficial e operou um milagre para que todos entendessem aquele único idioma, mas cada um ouviu as maravilhas de Deus na própria língua. Isso, segundo González, significa que o Espírito Santo traduziu as grandezas de Deus para cada cultura ali presente. A igreja nasceu em meio à diversidade de línguas e culturas, mas em nada isso constituiu uma barreira para o Espírito Santo. Para o historiador, esse é um dos milagres mais surpreendentes do Novo Testamento.

---

[1]González trata do assunto em duas de suas obras: *Atos: O evangelho do Espírito Santo* e *Cultura e evangelho: O lugar da cultura no plano de Deus.*

CAPÍTULO 01

A unidade do Corpo de Cristo é realmente um milagre. É algo que só Deus pode operar entre nós, seres tão pecadores e naturalmente voltados ao egoísmo e à divisão. Seria muito mais fácil falar sobre a história das divisões da igreja no decorrer dos séculos, mas a história eclesiástica não é composta apenas do relato dos erros e declínios da igreja. Ela é também a história da mão misericordiosa de Deus sustentando o seu povo. Nesse sentido, proponho olharmos para o passado e vermos brevemente alguns movimentos e personalidades que demonstraram o milagre da unidade na história do cristianismo.

Nessa reflexão, alguns pressupostos precisam ser estabelecidos. O primeiro é que o tema da unidade sempre foi um assunto caro à igreja. Não apenas na teoria nos debates teológicos, mas, principalmente, na prática. Devido à sua natureza, a fé cristã suscita divisões. O próprio Jesus foi claro e duro sobre essa inevitável verdade: "Não pensem que eu vim trazer paz à terra; não vim trazer paz, mas espada. Pois vim causar divisão entre o homem e o seu pai; entre a filha e a sua mãe e entre a nora e a sua sogra. Assim, os inimigos de uma pessoa serão os da sua própria casa" (Mt 10.34-36).

É ingenuidade pensar que o cristianismo seja apenas uma religião de amor, paz, alegria e união. Embora amor, paz, alegria e união sejam assuntos sérios no reino de Deus, por causa do pecado a resolução proposta por Deus requer de nós a decisão de abraçar um tesouro e abandonar outros. E isso, em alguma medida, resultará em dor, tristeza e divisão. Afinal, ser cristão é separar-se.

O segundo pressuposto é que, desde que a igreja nasceu, os cristãos tiveram de lidar com a presença de falsos irmãos, mestres, cristos e profetas e, principalmente, falsas doutrinas.

CAROLBAZZO

As cartas apostólicas do Novo Testamento, em grande parte, são exortações dos apóstolos aos primeiros crentes para permanecerem no ensino de Cristo e rejeitarem veementemente as heresias, assim como aos falsos irmãos (cf. 2Pedro 2.1; 1Coríntios 11.19; Efésios 4.14; 2João 1.7; 1João 4.2; Colossenses 2.8). Seguramente, podemos dizer, olhando para a história, que o fato de a igreja sobreviver até os dias de hoje tem a ver com a coragem e o zelo de homens levantados por Deus que rejeitaram heresias e defenderam a fé cristã. Foi o caso do apóstolo Paulo, que chegou a declarar que ele mesmo poderia ser digno do inferno se pregasse outra coisa fora do evangelho de Cristo (Gl 1.8-9).

Contudo, nunca foi fácil para nós, cristãos, rejeitar o falso (que Deus também rejeita) sem com isso rejeitarmos irmãos (que Deus não rejeita) e que talvez só pensassem diferente de nós. A história da igreja está repleta de brigas, rixas, guerras e divisões porque ainda somos míopes na hora do corte. Trata-se de um grande desafio.

Um fato inegável é que a primeira comunidade cristã, descrita em Atos, transpirava unidade. Atos 2.42-47 descreve a primeira comunidade em Jerusalém e usa os termos: "comunhão", "estavam unidos", "tinham tudo em comum" e "comum acordo". O tempo passou e a unidade continuou sendo um assunto importante para os pais da igreja. Na *Didaquê* (ou *O ensino dos doze apóstolos*), um dos documentos mais antigos do período posterior ao livro de Atos, escrito entre os anos 60 e 90, o tema da unidade aparece em capítulos diferentes. No capítulo IV, sobre as questões práticas da vida, este, que é considerado o primeiro catecismo cristão, estabelece: "Não causarás cismas, mas reconciliarás os que lutam entre si", referindo-se a contendas dentro e fora da igreja. Nos últimos capítulos, sobre a

CAPÍTULO01

celebração da ceia do Senhor, o texto ensina uma oração que deve ser feita no momento desse sacramento:

> Da mesma maneira como estão pão quebrado primeiro fora semeado sobre as colinas e depois recolhido para tornar-se um, assim das extremidades da terra seja unida a ti a tua igreja (assembleia) em teu reino. [...] Lembra-te, Senhor, da tua igreja, para livrá-la de todo o mal e aperfeiçoá-la no teu amor; reúne esta igreja santificada dos quatro ventos no teu reino que lhe preparastes, pois teu é o poder e a glória pelos séculos. Amém.

Desde o primeiro século, o povo cristão nutriu um senso de unidade e pertencimento a um único corpo coeso. Ao mesmo tempo, estava também consciente de que a igreja não era apenas uma comunidade local aqui ou ali, mas um grande corpo espalhado pela terra.

No século 2, vemos surgir o termo "católico", quando Inácio de Antioquia utiliza a expressão "igreja católica", pela primeira vez na história, em sua carta à igreja em Esmirna. Longe de se referir à Igreja Católica Apostólica Romana como a conhecemos hoje, Inácio falava de uma igreja abrangente e diversa, já que o termo significa "universal". Dentre os pais da igreja, Inácio foi alguém muito preocupado com a unidade da igreja, embora seus escritos demonstrem quanto ele acreditava que isso dependia de uma hierarquia forte, com a submissão do povo aos seus bispos.

No século 3, Cipriano de Cartago mostrou sua preocupação com divisões entre os cristãos em sua obra *Sobre a unidade da*

CAROLBAZZO

igreja. Apesar de seus escritos fortalecerem a imagem de Pedro como fundamento da igreja, seguindo a mesma linha de Inácio e preparando, assim, o caminho para o fortalecimento do papado, Cipriano estava preocupado em fortalecer a unidade diante do crescimento numérico e geográfico do cristianismo no seu tempo. Suas alegorias nos fornecem visões interessantes sobre unidade:

> [...] assim como há uma só luz nos muitos raios de sol, uma árvore em muitos ramos, um só tronco fundamentado em raízes tenazes, muitos rios de uma única fonte, assim também esta multidão guarda a unidade de origem. [...] A unidade da luz não comporta que se separe um raio do centro solar; um ramo quebrado não cresce; cortado de sua fonte o rio seca imediatamente. Do mesmo modo, a Igreja do Senhor que, como a luz derramada estende seus raios em todo o mundo, é uma única luz que se funde sem perder sua própria unidade. Ela desenvolve seus ramos por toda a terra.[2]

BUCER: VOZ DE UNIDADE EM MEIO ÀS DIVISÕES DA REFORMA

Avançando pelos séculos e chegando à Reforma Protestante, vemos a história pouco prestigiada do reformador alemão Martin Bucer. Embora a Reforma seja um movimento conhecido por resultar em divisões, temos em meio ao florescer do protestantismo um pastor e teólogo preocupado com a unidade.

---

[2] *Coleção Patrística: Cipriano de Cartago. Obras Completas I.* São Paulo: Paulus, p. 116.

CAPÍTULO 01

Bucer foi o responsável por reunir Martinho Lutero e Ulrico Zwinglio em uma conferência para debater sobre a ceia (os dois tinham entendimentos divergentes sobre a presença de Cristo nos elementos). A preocupação de Bucer estava em promover uma conciliação entre os dois reformadores. Ele também se dedicou ao desenvolvimento de confissões de fé que, em meio à efervescência de debates teológicos, pudesse chegar a um comum acordo, evitando ainda mais fragmentação entre os protestantes.

Observe a preocupação de Bucer quanto às divisões de sua época na epígrafe de sua obra *Sobre o verdadeiro cuidado das almas*,[3] publicada em 1538: "Aqui, o leitor encontrará o meio adequado, mediante o qual poderá ser libertado dessa terrível e perniciosa desunião e dilaceração da religião, retornando à unidade da igreja e à respectiva boa ordem cristã".

Ao discorrer sobre a comunhão dos cristãos, ele diz:

> [...] os cristãos têm uma união plena e perfeita entre si. Pois, como são um corpo e vivem de um Espírito, eles têm uma só vocação, foram chamados a uma esperança, almejam uma felicidade, reconhecem um só Senhor e têm a mesma fé. [...] Assim, eles têm um Pai no céu, de modo que devem ter entre si a mais perfeita, a mais amigável e fiel irmandade, comunhão e unidade. [...] Pois qual sociedade (ou comunidade) poderia ser mais unida de coração, mente, palavras e tudo mais, a não ser aquela que não é nada além do corpo de Cristo?[4]

---

[3] Rio de Janeiro: Thomas Nelson, 2020.
[4] Idem, p. 44.

Em seu artigo sobre o reformador de Estrasburgo, o teólogo batista Caique Büll[5] nos conta que a grande luta e paixão da vida de Bucer foi a unidade cristã e, em muitos sentidos, ele seguiu os passos de Cristo no seu estilo de ministério conciliador. Historiadores especialistas na Reforma, como Henri Strohl,[6] percebem o dom de Bucer para reter o que é bom e ouvir diferentes linhas dentro do cristianismo:

> [...] sabia escutar e, assim, recolher os fragmentos de verdade contidos no pensamento de uns e outros, sem, contudo, duvidar de suas próprias aptidões. Buscava os elementos de verdade viva para integrá-los
> numa síntese crescente em riqueza e profundidade.
> Era receptivo, e cedia facilmente às influências; mas sabia também afirmar-se com vigor. [...] O espírito conciliador de Bucer — que sempre procurou entender as sinceras intenções de seu contraditores — revela-se na conclusão de sua obra, quando declara que não deseja ferir a ninguém com uma palavrinha que fosse.[7]

CONDE ZINZENDORF: PIONEIRO DA UNIDADE

Caminhando para o mundo pós-reforma, encontramos um movimento influente e marcante para a igreja no século 18: o morávio. Conhecidos como precursores das missões modernas, os

---

[5]Martin Bucer, o diplomata da fé". Disponível em: <https://teologia-brasileira.com.br/martin-bucer-o-diplomata-da-fe/>. Acesso em: 1 de mar. de 2021.

[6]Trecho citado no artigo de Caique Büll.

[7]STROHL, Henri. *O pensamento da Reforma*. São Paulo: ASTE, 1963, p. 20.

morávios foram muito mais do que missionários pioneiros. Eles protagonizaram um dos movimentos de maior convergência da história da igreja, ou seja, um movimento que conseguiu unir as ênfases mais comumente divergentes do corpo de Cristo.

Nos morávios vemos que oração e mística se uniram à evangelização; trabalho se uniu à missão transcultural; teologia trabalhou de mãos dadas com forte devoção. E, especialmente, denominações diferentes se uniram em amor fraternal.

A história dos morávios começa com o conde Nikolaus Ludwig von Zinzendorf. Ele se viu diante da necessidade de centenas de cristãos morávios (habitantes da região da Morávia) fugidos da perseguição, durante a chamada Guerra dos Trinta Anos. Zinzendorf forneceu sua terra, no leste da Alemanha, para que os refugiados, que pertenciam aos mais variados grupos protestantes, pudessem viver em paz.

A comunidade de Herrnhut, como passou a ser chamada, reunia calvinistas, anabatistas, luteranos, hussitas e diversos outros grupos. Não demorou muito para que as divergências teológicas surgissem e grandes confusões borbulhassem na vila de Berthelsdorf, com brigas e facções.

O conde havia estudado na Universidade de Wittenberg (a mesma de Lutero) e tinha carreira promissora no governo. Porém, abandonou todas as suas responsabilidades para que pudesse cuidar integralmente daquele rebanho tão cheio de facções. Junto com alguns líderes já reconhecidos em Herrnhut, Zinzendorf decidiu pastorear aquela comunidade, organizando-a de maneira prática e espiritual.

Sua primeira atitude foi convocar uma reunião, na qual ensinou sobre o pecado da divisão e, posteriormente, apresentou um documento elaborado por ele mesmo, o qual deveria ser

CAROLBAZZO

assinado por todos que desejassem permanecer na comunidade. O documento falava de uma participação voluntária e especialmente do comprometimento individual em acabar com as disputas sectárias, obedecendo aos estatutos e vivendo em comunhão com os cristãos de todas as crenças e denominações.

Após todos assinarem o acordo, a comunidade passou a viver dias de paz e tranquilidade. Porém, o melhor ainda estava por vir, como conta o historiador J. E. Hutton em seu livro *History of the Moravian Church*:

> Nos quatro meses seguintes, a cidade na colina era o lar de uma alegria inefável; e os mesmos homens que haviam brigado ultimamente agora formavam pequenos grupos para oração e louvor. À medida que as sombras da noite se estendiam pela praça, todo o povoado se reunia para orar, louvar e conversar uns com os outros, como irmãos e irmãs de uma casa. As fantasias e os caprichos fugiram. O conde fazia reuniões todos os dias. A igreja em Berthelsdorf estava lotada. O bom David, agora nomeado ancião, persuadiu todos a estudar a arte do amor divino, passando pela Primeira Epístola de São João. As próprias crianças foram agitadas e despertadas. Todo o movimento foi calmo, forte, profundo e permanente.[8]

Em 13 de agosto de 1727, enquanto ainda gozavam de paz e se empenhavam na jornada de aprender a amar uns aos outros,

---

[8]HUTTON, Joseph Edmund. *History of the Moravian Church*. London: Moravian Publication Office, 1909, p. 212 (tradução minha).

CAPÍTULO01

foi realizado um culto para celebrar o acordo de comunhão. E é nesse dia que desponta o avivamento, como relata Hutton:

> E então, no mesmo momento, todos os presentes, absorvidos em profunda devoção, foram estimulados pelo toque místico e maravilhoso de um poder que ninguém poderia definir ou entender. Lá, na Igreja Paroquial de Berthelsdorf, eles finalmente conseguiram a firme convicção de que eram um em Cristo. E ali, acima de tudo, acreditavam e sentiam que neles, como nos doze discípulos no dia de Pentecostes, havia descansado o fogo purificador do Espírito Santo.[9]

Não é sem motivo que Zinzendorf é chamado por alguns autores[10] de "pioneiro ecumênico".[11] A liderança prática, assim como seu zelo espiritual no meio de um cenário tão caótico (as contendas entre católicos e protestantes, assim como entre a própria comunidade protestante) fizeram seu nome figurar na história da unidade cristã.

Também não é sem motivo que o movimento morávio, bem como suas influências no cristianismo moderno, é tão estudado em nossos dias. Contemplando essa história, séculos depois, vemos que o famoso avivamento morávio gerou entre aquela

---

[9] Idem, p. 213.

[10] O conde recebe esse título do autor A. J. Lewis em sua obra *Zinzendorf, the Ecumenical Pioneer: A Study in the Moravian Contribution to Christian Mission and Unity*. Philadelphia: The Westminster Press, 1962.

[11] O termo "ecumenismo" no Brasil tende a ter nuances mais negativas, já que a palavra é utilizada para designar diálogos e relações entre diferentes religiões. Nos Estados Unidos, o termo se refere mais a movimentos de unidade dentro do cristianismo.

comunidade um senso de unidade, amor fraternal e pertencimento à mesma família espiritual, apesar das diferenças.

Foi durante a visitação do Senhor àquela comunidade que teve início uma torre de oração que perdurou por mais de cem anos. Por pouco mais de um século, gerações de morávios se envolveram em oração dia e noite, sem contar a entrega à causa missionária em regiões não alcançadas. Sem dúvida, a igreja moderna deve muito a esse movimento tão rico.

MOVIMENTO CARISMÁTICO E O DESEJO DO ESPÍRITO SANTO

O século 20 viu o surgimento do Movimento Pentecostal e Carismático, com suas ênfases no batismo no (ou com o) Espírito Santo. O próprio pentecostalismo que começou com o avivamento da rua Azusa foi um movimento que gerou divisões. Durante o auge de Azusa, muitos crentes abandonaram suas igrejas para experimentar o batismo no Espírito Santo, como conta o historiador pentecostal Vinson Synan.[12] Como consequência, novas denominações foram fundadas. Pois bem, os que consideravam aquele um movimento que não provinha de Deus se tornaram opositores dos que criam no "falar em outras línguas". Com isso, o século 20 viu o florescer das disputas teológicas entre cessacionistas, aqueles que creem que os dons cessaram, e continuístas, que creem na continuidade dos dons.

Todavia, há outro ângulo pelo qual podemos olhar para esses movimentos. A busca pela profundidade da experiência com o Espírito Santo uniu pessoas de linhas teológicas, denominações e até raças diferentes. Por mais críticas que o avivamento

---

[12]SYNAN, Vinson. *O século do Espírito Santo*. São Paulo: Vida, 2009, p. 73.

CAPÍTULO 01

de Azusa possa receber, esse movimento, berço do Movimento Pentecostal moderno, uniu negros e brancos no auge da segregação racial americana. Sobre Azusa, é unânime entre historiadores que o segredo dessa unidade estava no agir sobrenatural do Espírito Santo.

Da mesma forma, o Movimento Carismático das décadas de 1960 e 1970 foi não apenas um movimento entre as igrejas históricas de renovação e busca pelo batismo com o Espírito Santo, mas também um movimento de unidade. Diferente dos pentecostais, os carismáticos se estabeleceram como crentes na experiência do batismo no Espírito Santo, mas negando que o falar em línguas fosse a única evidência desse fenômeno. Isso cooperou, em muito, com uma posição menos sectária. A esse respeito, Vinson Synan também afirma que os carismáticos conseguiram ser mais eficientes em levar para dentro de igrejas mais tradicionais a experiência pentecostal sem promover novas divisões e contando com equilíbrio e uma teologia madura.

Belíssimas histórias de experiências de renovação e conexão entre pessoas, das mais diferentes linhas teológicas, ilustram o Movimento Carismático. Harald Bredesen, por exemplo, era um jovem leigo luterano que, em 1947, ouviu falar sobre o batismo no Espírito Santo e a experiência pentecostal. Curioso, ele visitou uma Assembleia de Deus e, em resposta ao apelo, foi até o altar. Lá recebeu o dom de línguas. A visita ao mundo pentecostal mudou radicalmente sua vida. Anos depois, Bredesen foi ordenado ministro da Igreja Reformada Holandesa e se tornou um dos líderes do movimento de renovação entre os luteranos na década de 1960. Ele foi responsável por organizar reuniões na Universidade de Yale que levaram muitos jovens à conversão e ao batismo no Espírito Santo.

CAROL**BAZZO**

Dentro da Igreja Metodista, o pastor e evangelista Tommy Tyson experimentou o falar em outras línguas sozinho em sua casa. Preocupado com a relação com sua denominação, especialmente quando foi rejeitado ao contar sua experiência, pensou em abandonar o metodismo. Contudo, foi surpreendido pelo seu bispo, que, certo dia, o abraçou e disse: "Nós precisamos de você e você precisa de nós!". Tyson se tornou um evangelista autorizado pela Igreja Metodista e foi usado na conversão e renovação de milhares de pessoas.

Poderíamos ainda mencionar as histórias de Dennis Bennet, Richard Winkler, James Brown, John Osteen, Larry Christenson, Gerald Derstine, David Duplessis e muitos outros líderes e pastores carismáticos que, por causa da experiência com o batismo no Espírito Santo, foram compelidos a ir além de suas fronteiras denominacionais e ter comunhão com outros irmãos de linhas diferentes do corpo de Cristo.

Um dos eventos que mais ilustram o que foi o Movimento Carismático em termos de unidade é a Conferência de Kansas City, em 1977. Realizada no estádio de futebol americano do time *Chiefs,* o evento recebeu 50 mil pessoas das mais variadas denominações — pentecostais, batistas, metodistas, episcopais, luteranos, menonitas, anabatistas e até mesmo adenominacionais, judeus messiânicos e católicos romanos.

Nos três dias de evento, que teve como tema *Jesus é o Senhor,* a multidão se dividia na parte da manhã em menores grupos em salões e igrejas espalhadas pela cidade para cultos de adoração e comunhão. É possível ver até hoje os registros em vídeo desses momentos de louvor, nos quais irmãos de diferentes denominações se uniram para declarar o senhorio de Cristo. Esse talvez tenha sido o evento mais simbólico do

CAPÍTULO 01

movimento de unidade das últimas décadas, senão de toda a história.

A revista americana *Christianity Today*, na edição de agosto de 1977, publicou uma reportagem sobre o evento, com o título "Unidade carismática de Kansas City" e reportou que "muitos disseram que nunca mais serão os mesmos". Numerosas pessoas afirmaram que ganharam pela primeira vez um profundo senso de unidade em Cristo com cristãos de outras origens".[13]

O sermão ministrado pelo reverendo luterano Larry Christenson durante a conferência resumiu bem o que foi a relação dos carismáticos com a unidade. Disse ele:

> Muitas pessoas têm observado que, quando a Renovação Carismática perde seu caráter ecumênico, ela tende a diminuir. E ainda existem alguns que querem andar nessa direção. E cultivar uma aconchegante e isolada renovação episcopal, ou católica, ou luterana, ou pentecostal. Porque perceberam a vitalidade desse movimento e pensam "bom, seria interessante trazer isso para nós, domesticar essa doutrina e usar para fortalecer o projeto de nossa denominação". Mas Deus não trouxe a renovação para fortalecer as igrejas para que continuem como estão. Ele a trouxe para promover seu próprio plano, que é nos tornar um, assim como ele e o Filho são um.[14]

---

[13]Disponível em: <https://www.christianitytoday.com/ct/1977/august-12/charismatic-unity-in-kansas-city.html>. Acesso em: 1 de mar. de 2021.

[14]Trecho retirado da edição de agosto de 1977 da revista *Christianity Today* (tradução minha).

CAROLBAZZO

A ORAÇÃO DE JESUS EM JOÃO 17

As ações mencionadas neste capítulo demonstram que a nossa história, como igreja, não é apenas um relato de divisões. De muitas formas, e por meio de muitas pessoas, o Senhor está respondendo à oração de seu Filho em João 17.20-23 e combatendo o sectarismo.

O que é mais interessante nessa passagem é a percepção de que a unidade dos cristãos está intimamente relacionada com evangelização. Cristo disse que, para que o mundo viesse a crer que ele era o enviado de Deus, seus seguidores precisariam ser um. Isto é, eles deveriam andar em unidade, refletindo a unidade que há na Trindade. Com isso em mente, quero acrescentar mais uma passagem a essa reflexão. Jesus disse:

> Nesse tempo, muitos hão de se escandalizar, trair
> e odiar uns aos outros. [...] E, por se multiplicar a
> maldade, o amor se esfriará de quase todos. Aquele,
> porém, que ficar firme até o fim, esse será salvo. E será
> pregado este evangelho do Reino por todo o mundo,
> *para testemunho a todas as nações. Então virá o fim.*
> **MATEUS 24.10-14**

Portanto, antes que venha o fim, algo é necessário: testemunho, evangelização. As nações precisam saber sobre Jesus. Esta foi a grande comissão que ele nos deixou: "Portanto, vão e façam discípulos de todas as nações, batizando-os em nome do Pai, do Filho e do Espírito Santo" (Mt 28.19).

CAPÍTULO01

A volta de Jesus, que marca o fim dos tempos, depende da evangelização. Essa, por sua vez, depende do testemunho fiel da igreja. Quando olhamos ao nosso redor e vemos a igreja, hoje, cheia de divisões, facções e cismas, devemos nos perguntar: será que essa igreja testemunha com fidelidade sobre quem Deus é? Certamente não.

Que essas histórias nos inspirem a caminhar em verdadeira comunhão, crendo que o mesmo milagre que o Espírito Santo operou em Atos operará no seu povo: a igreja que preparará o caminho para a volta do nosso Senhor.

CAROL BAZZO

Formada em jornalismo, mestre em Teologia Histórica, professora de História da Igreja e diretora da Escola Convergência, é membro da Igreja Cristã Convergência, em Monte Mor (SP).

DOIS

A UNIDADE DA IGREJA E A TRANSFORMAÇÃO DA SOCIEDADE

CLAUDIA COSTA MOREIRA

A igreja tem papel preponderante na transformação da sociedade. Esse papel se define a partir de três eixos: missão, unidade e transformação. No que se refere à missão, devemos atentar para as palavras de Paulo:

> E tudo isso vem de Deus, aquele que nos trouxe de volta para si por meio de Cristo e nos encarregou de reconciliar outros com ele. Pois, em Cristo, Deus estava reconciliando consigo o mundo, não levando mais em conta os pecados das pessoas. E ele nos deu esta mensagem maravilhosa de reconciliação. Agora, portanto, somos embaixadores de Cristo; Deus faz

seu apelo por nosso intermédio. Falamos em nome de Cristo quando dizemos: Reconciliem-se com Deus!

2CORÍNTIOS 5.18-20

Paulo deixa claro que nosso chamado é para anunciar o reino de Deus, que é de justiça e paz. Se esse reino será manifestado em plenitude na volta de Cristo, no tempo presente somos chamados a proclamar a paz de Deus — *shalom,* no Antigo Testamento, e *eirene,* no Novo Testamento —, cujo sentido inclui completude, cura, bem-estar, equilíbrio, prosperidade e justiça.

Jesus convocou e comissionou a igreja para participar da missão de Deus de resgatar e restaurar toda a criação, buscando seu reino em todas as esferas da vida por meio de palavras, ações e caráter. Tendo sido unificados com Cristo, somos transformados para sermos mais parecidos com ele e fazer as coisas que ele fez, por meio do poder do Espírito Santo.[1]

Portanto, a ideia é ver todos os seres, os humanos e os não humanos, vivendo com Deus e entre si um relacionamento restaurado e pleno, para o qual todos foram criados. Além desse senso de missão, vemos na Escritura a necessidade constante da promoção de unidade no seio da igreja de Cristo. Como escreveu Paulo: "Porque Cristo é nossa paz. Ele uniu judeus e gentios em um só povo ao derrubar o muro de inimizade que nos separava. Ele acabou com o sistema da lei, com seus mandamentos

---

[1] SWITHINBANK, Hannah, *Teologia da Missão da Tearfund: Compreensão da Missão pela Tearfund.* Teddington: Tearfund, 2016, p. 2.

e ordenanças, promovendo a paz ao criar para si, desses dois grupos, uma nova humanidade" (Ef 2.14-15).

Como seguidores de Jesus, fomos inseridos, "mergulhados" ("batizados", conforme 1Co 12.12-13) no corpo do Cristo. Torna-mo-nos interligados aos demais membros, sob o comando de Jesus (Cl 1.18). Daí decorre a unidade da igreja, pela qual o próprio Cristo intercedeu junto ao Pai no cenáculo (Jo 17.21).

O tema da unidade foi muito caro ao apóstolo Paulo, que, durante seu ministério, esforçou-se para que a vida comunitária das igrejas que se multiplicavam pelo Império Romano fosse um testemunho vivo de convivência pacífica e amorosa. Ele orou acerca dos cristãos de Roma: "Que Deus, aquele que concede paciência e ânimo, os ajude a viver em completa harmonia uns com os outros, como convém aos seguidores de Cristo Jesus. Então todos vocês poderão se unir em uma só voz para louvar e glorificar a Deus, o Pai de nosso Senhor Jesus Cristo" (Rm 15.5-6).

Como estabelecido no documento *Compromisso da Cidade do Cabo*, firmado pelo movimento de Lausanne:

> Paulo nos ensina que a unidade cristã é criação de Deus, com base em nossa reconciliação com Deus e uns com os outros. Essa dupla reconciliação foi realizada através da cruz. Quando vivemos em unidade e trabalhamos em parcerias, demonstramos o poder sobrenatural e contracultural da cruz. Mas, quando demonstramos nossa desunião através da incapacidade de formar parcerias, rebaixamos nossa missão e mensagem e negamos o poder da cruz.[2]

[2]Disponível em: <https://lausanne.org/pt-br/recursos-multimidia-pt-br/ctc/compromisso#p2-6>. Acesso em: 7 de set. de 2021.

CLAUDIACOSTAMOREIRA

Os gemidos estão em toda parte (Rm 8.22). Nosso mundo é repleto de ameaças para a vida humana e não humana: injustiças e violências de todas as formas, como desigualdade socioeconômica, racismo, destruição ecológica e guerras. A raiz de todo esse desequilíbrio reside nos nossos relacionamentos rompidos com Deus, a humanidade e toda a criação. Portanto, a transformação do mundo requer a restauração desses relacionamentos; "envolve uma transformação da condição humana, das relações humanas e de sociedades inteiras".[3] Atentos a isso, devemos ouvir novamente o apóstolo Paulo: "Não imitem o comportamento e os costumes deste mundo, mas deixem que Deus os transforme por meio de uma mudança em seu modo de pensar, a fim de que experimentem a boa, agradável e perfeita vontade de Deus para vocês" (Rm 12.2). "À medida que as relações sociais, econômicas e psicológicas são redimidas, estruturas e instituições são transformadas. Estruturas redimidas, por sua vez, permitem que as pessoas se tornem mais humanas. Em última análise, transformação é esperança."[4]

Essa transformação, que aponta para o reino de Deus, a nova criação, exige lamento, renúncia e o exercício da mordomia na forma como produzimos, consumimos, comemos, nos locomovemos, investimos nossos recursos e nos relacionamos com os outros seres humanos e a terra.

---

[3]SAMUEL, V. SUGDEN, C. *The Church in response to human need*. Eugene, OR: Wipf and Stock, 2003. In: Swithinbank, Hannah. *Teologia da Missão da Tearfund: Compreensão da Missão pela Tearfund*. Teddington: Tearfund, 2016, p. 17.

[4]Idem.

CAPÍTULO 02

NA UNIDADE SOMOS TRANSFORMADOS E NOS TORNAMOS AGENTES DE TRANSFORMAÇÃO

No congresso sobre evangelização mundial realizado, em 2010, na Cidade do Cabo, o diretor internacional do Langham Partnership International, Chris Wright, desafiou os mais de quatro mil participantes de 197 países: "Uma reforma é novamente a necessidade desesperadora dos nossos dias, e precisa começar por nós. [...] Antes de irmos para o mundo, precisamos nos voltar para o Senhor. Se quisermos mudar o mundo, precisamos primeiro mudar nossos corações e caminhos, como disse Jeremias". Ele acrescentou: "A igreja precisa ser modelo do que prega. [...] Precisa demonstrar uma comunidade do amor que reconcilia e vive em unidade".[5] O pastor Russell Shedd ecoou seu pensamento na oração: "Ó Deus, dá-nos o poder para testemunhar, dá-nos o poder para, primeiro, buscar a mudança em nós mesmos, e então, contribuir para a mudança da nossa sociedade, tão carente de Cristo. Em nome deste maravilhoso Senhor eu te rogo. Amém".[6]

A vivência em "comum-unidade" do corpo de Cristo estimula a transformação de cada membro. Um amigo afia o outro e o ajuda a voltar ao caminho certo quando for vencido pelo pecado (Pv 27.17; Gl 6.1). Na unidade da igreja, nosso caráter é transformado para ser mais parecido com o de Cristo, e pessoas transformadas pelo Espírito Santo influenciam poderosamente na transformação da sociedade, fazendo com que ela

---

[5]Disponível em: <https://www.youtube.com/watch?v=gZ57kCNQ6oQ&t=167s>. Acesso em: 7 de set. de 2021.

[6]*Missão integral: Proclamar o reino de Deus, vivendo o evangelho de Cristo*. Viçosa: Ultimato e Belo Horizonte: Visão Mundial, 2004, p. 147.

CLAUDIACOSTAMOREIRA

seja mais parecida com o reino de Deus. Desta forma, os discípulos e as discípulas de Jesus Cristo são agentes de transformação para o bem comum — o bem de todos os seres humanos e não humanos.

A unidade do corpo é, portanto, nosso laboratório para aprender, experimentar e praticar o fruto do Espírito, que é: amor, alegria, paz, paciência, amabilidade, bondade, fidelidade, mansidão e domínio próprio (Gl 6.22-23). É no Corpo de Cristo que somos preparados e treinados para viver como agentes desse fruto na sociedade.

Ao mesmo tempo, a diversidade do corpo tem papel fundamental na transformação dos seus membros e no seu preparo para a expressão do amor dentro e fora dos limites da comunidade local. Em 1688, John Bunyan já escrevera: "permitam que eu os lembre [...] de que a unidade da igreja é uma unidade de amor e afeto, e não uma mera uniformidade de prática e opinião".[7] De fato, pessoas que convivem bem em grupos onde há diversidade têm grande potencial transformador.

Porém, ser agente de transformação de uma sociedade requer o mesmo tipo de amor que Cristo demonstrou, um amor que doa a si mesmo. Como escreveu Miroslav Volf: "Indiscutivelmente, o amor que se doa a si mesmo evidenciado na cruz e exigido por ela está no âmago da fé cristã".[8]

Quando moldados à imagem de Cristo, esse tipo de amor passa a ser nosso jeito de viver e morrer. Só esse tipo de amor altruísta é capaz de transformar uma sociedade quebrada

---

[7] *Um clamor por unidade e paz na Igreja*. Rio de Janeiro: GodBooks, 2020, Loc. 242. Versão Kindle.

[8] *Exclusão e abraço: Uma reflexão teológica sobre identidade, alteridade e reconciliação*. São Paulo: Mundo Cristão, 2021, p. 4. Versão Kindle.

e ferida, trabalhando por estruturas mais justas, que honrem a dignidade humana e exerçam a boa mordomia da criação.

Para causar impacto na sociedade, o amor que deseja para o outro o mesmo bem que se deseja para si tem o potencial de extravasar as comportas da comunidade cristã. Porém, precisa primeiro ser uma realidade crescente dentro dela. Talvez esse processo necessite de uma ênfase maior no que significa *ser* igreja.

Quando o corpo de Cristo não vive em unidade, o sal perde o sabor e a luz fica escondida (Mt 5.13-16). Com isso, perdemos a oportunidade de exercitar o amor que se doa a si mesmo e de servir em família com os dons do Espírito. Ficamos limitados e despreparados para sermos os agentes de transformação de que o mundo desesperadamente precisa.

NA UNIDADE DEMONSTRAMOS NO PRESENTE A CREDIBILIDADE DA NOVA CRIAÇÃO

Ao viver a unidade do corpo de Cristo e o fruto do Espírito, damos testemunho de que é possível um viver de jeito diferente e sinalizamos a possibilidade de um novo mundo de relações restauradas, justiça e paz. Também demonstramos que um modelo de sociedade mais justa é possível, pois damos prova disso no nosso relacionamento dentro do corpo.

Quando a igreja de Cristo vive em unidade, ela anuncia o reino de Deus tanto aqui e agora quanto no porvir, antecipando a nova criação a ser consumada na volta de Jesus (2Pe 3.13). Dessa forma, inspiramos, dentro e fora da comunidade cristã, uma imaginação movida pela esperança, como a de Moisés, fundamentada na visão que lhe foi dada por Deus para enxergar de

CLAUDIACOSTAMOREIRA

antemão Israel liberto da escravidão (Hb 11.27). O especialista em mediação de conflitos internacionais John Paul Lederach chama isso de imaginação moral, "a capacidade de imaginar algo enraizado nos desafios do mundo real, porém capaz de fazer nascer o que ainda não existe".[9] Sem essa imaginação não é possível trabalhar para a transformação de uma sociedade nem inspirar pessoas para participar dessa mudança.

Nossa unidade aponta para a possibilidade de um presente e um futuro diferentes, nos quais a restauração de relacionamentos rompidos acontece. Ela sinaliza a nova criação para uma humanidade falida em todos os níveis da sociedade: entre indivíduos, famílias, comunidades, organizações e governos, bem como instituições e movimentos culturais, religiosos, econômicos e políticos.

A vivência em comunidade tem o potencial de criar espaços respeitosos, onde discordâncias e conversas difíceis podem ser transformadas em diálogos construtivos. Como escreveu o teólogo Walter Brueggemann: "O mundo está à espera de cristãos que não sejam irados, ansiosos, exaustos, briguentos, cínicos ou sem esperança. O mundo está à espera de pessoas que confiem o suficiente para ir além de si mesmas".[10]

Em tempos de polarização, fragmentação e divisão, a unidade da igreja traz novo fôlego de vida, esperança, alento e novas possibilidades para a humanidade. Entretanto, quando a igreja não vive em unidade, a credibilidade da proclamação do evangelho é afetada. Sem credibilidade não podemos ser agentes de transformação no mundo.

---

[9] *A imaginação moral: Arte e alma da construção da paz.* São Paulo: Palas Athena, 2011, p. 31.

[10] *Um evangelho de esperança.* São Paulo: Mundo Cristão, 2020, p. 139.

Quando a falta de unidade na igreja é pública, alimenta-se a desesperança do mundo, pois a descrença no ser humano como um ser passível de transformação gera mais insegurança, medo, ódio, falta de perdão e violência. Como viver em um mundo onde até mesmo os que professam seguir um Deus de amor não são capazes de se amar? Como acreditar que o perdão e a reconciliação são possíveis? Como ter esperança de que um dia o mundo será mais justo?

Como estabelecido no *Compromisso da Cidade do Cabo*, é fato que "uma igreja dividida não tem mensagem para um mundo dividido. A nossa incapacidade de viver em unidade reconciliada é um obstáculo importante à autenticidade e à eficácia em missões".[11]

NA UNIDADE DESENVOLVEMOS A RESILIÊNCIA NECESSÁRIA PARA ATUAR NA TRANSFORMAÇÃO DA SOCIEDADE

Se o corpo de Cristo se mantém unido, ele sustenta seus membros com esperança e ânimo quando a dor, o luto, as injustiças e todas as formas de violência parecem prevalecer. O cuidado mútuo mantém acesa a nossa chama e nos ajuda a não sucumbir diante da tragédia e do caos.

O corpo é um lugar seguro para curar traumas individuais e coletivos e para começar a romper os ciclos de violência que se perpetuam em nossa sociedade e permanecem por gerações. Ciclos de violência resultam de traumas não curados, incluindo traumas históricos, culturais e estruturais — como racismo, pobreza e sexismo.

---

[11]Disponível em: <https://lausanne.org/pt-br/recursos-multimidia-pt-br/ctc/compromisso#p2-6>. Acesso em: 7 de set. de 2021.

CLAUDIACOSTAMOREIRA

Resiliência é uma característica fundamental de pessoas que trabalham para a transformação da sociedade. A resiliência coletiva é a capacidade das sociedades de responder à diversidade e à mudança. Sociedades são resilientes quando capazes de responder a crises de maneiras que reforçam os laços comunitários, exibem pensamento criativo e flexibilidade e usam os infortúnios para fortalecer a solidariedade e renovar a fibra social.[12]

John Bunyan nos alerta que "as fraturas no corpo de Cristo, que é a igreja, ferem o espírito dos cristãos, e muitas vezes ocasionam o enfraquecimento do espírito e da vida do cristianismo, se não a sua morte! Quão necessário é, portanto, nos empenharmos em prol da unidade no Espírito pelo vínculo da paz!".[13]

Pessoas de espírito ferido não têm a resiliência necessária para promover mudanças em uma sociedade ferida. Na unidade do corpo temos a possibilidade de edificar resiliência individual e coletiva na lembrança das promessas de Deus, na liturgia compartilhada, no lamento coletivo e em uma rede de relacionamentos saudáveis.

NA UNIDADE A TRANSFORMAÇÃO SOCIAL E A SUSTENTABILIDADE SE TORNAM VIÁVEIS

Transformar uma sociedade é tarefa complexa e muito além da capacidade de uma única igreja, denominação, associação, convenção, agência missionária ou organização humanitária,

---

[12]*STAR: Strategies for Trauma Awareness and Resilience, Level II. Participant Manual.* Harrisonburg: Eastern Mennonite University, 2019, p. 128.

[13]*Um clamor por unidade e paz na Igreja.* Rio de Janeiro: GodBooks, 2020, Loc. 242. Versão Kindle.

CAPÍTULO02

de desenvolvimento ou *advocacy*. Isso se dá porque pessoas, relações, comportamentos, sistemas e estruturas necessitam ser transformados. Essas mudanças só acontecerão por meio de movimentos locais e globais de pessoas engajadas nas mais diversas esferas da sociedade, começando por intervenções locais até os espaços onde decisões que afetam grandes grupos são tomadas.

A igreja está incrustada nas comunidades pelo Brasil afora. Essa capilaridade tem enorme potencial de fomentar a transformação. O trabalho em rede entre igrejas, denominações e organizações facilita o melhor conhecimento dos contextos, possibilitando o planejamento de ações mais eficazes. Finalmente, a coordenação estratégica do uso dos recursos financeiros e não financeiros potencializa o impacto e a sustentabilidade.

Ao longo da minha experiência no trabalho humanitário e de desenvolvimento, testemunhei inúmeras organizações e igrejas coordenando o uso de seus recursos e alcançando maior impacto dos projetos. Infelizmente, testemunhei também o uso ineficiente de recursos por falta de coordenação e unidade. Em suma, o bem da comunidade deve sempre prevalecer sobre as diferenças entre os agentes da transformação. Como bem estabeleceu Brueggemann: "Causar bênção significa transmitir a outros o poder de Deus para a vida que ele nos concede, pois somos canais para esse poder, e não reservatórios, a força da bênção transmitida que flui por nossa vida e além dela para outros. Todos os outros!".[14]

---

[14]Idem, p. 144.

CLAUDIA COSTA MOREIRA

Administradora com especialização em Marketing e Gestão de Organizações do Terceiro Setor, mestre em Transformação do Conflito, professora de Construção de Paz e a Missão, Diretora da Tearfund no Brasil e membro da Comunidade Batista em Moema, em São Paulo (SP).

TRÊS

OS BENEFÍCIOS DA UNIDADE E OS MALEFÍCIOS DA FALTA DE UNIDADE PARA A PRODUÇÃO E O ENSINO DO CONHECIMENTO TEOLÓGICO E BÍBLICO

DURVALINA BEZERRA

A unidade é o alvo da oração de Jesus (Jo 17), e seu desejo é o de que a igreja fundada por ele, na linguagem figurada de Paulo, seja um corpo uno com ele, sendo ele o cabeça desse corpo. Mas não é apenas um desejo, é o projeto divino, o propósito da redenção: "o corpo místico está unido a Cristo, e o poder residente do Espírito Santo o faz um corpo uno".[1] E a própria Palavra ressalta: "Em um só Espírito, todos nós fomos batizados em

---

[1] CHAMPLIN, Norman. *O Novo Testamento interpretado, versículo por versículo.* Guaratinguetá: A Voz Bíblica, 1980, p. 534.

um corpo. [...] Ora vós sois corpo de Cristo e individualmente; membros desse corpo" (1Co 12.13,27).

A unidade começa na forma de pensar, pois no cabeça da igreja reside toda a "plenitude da divindade" (Cl 2.9). "Cristo é a sabedoria de Deus" (1Co 1.24). Ao dissertar sobre a sabedoria divina e a revelação dos pensamentos de Deus, Paulo declara que temos a mente de Cristo (1Co 2.6-16). Esse mistério se torna realidade quando permitimos que nossa lógica e razão se submetam à revelação da mente divina nas Escrituras.

O Verbo divino desvendou sua mente nos seus ensinos e nos ensinos dos apóstolos e deixou-nos seu Espírito para formar a nossa mente conforme a mente de Cristo. Entendendo essa verdade, Paulo sempre orava por espírito de sabedoria, espírito de revelação, entendimento espiritual no pleno conhecimento de Deus (Ef 17; Cl 1.9). Ele ainda diz que nossa mente precisa ser renovada para ser capaz de avaliar, julgar, analisar, emitir juízo de valor, perceber a verdade e a vida numa dimensão natural e transcendental. Isso requer o exercício da mente e do coração.

Posto isso, refletiremos sobre como essa unidade de mente é possível para a produção e o ensino do conhecimento teológico e bíblico, observando seus benefícios e malefícios.

O BENEFÍCIO DE EXPRESSAR A UNIDADE DA TRINDADE

Nosso Senhor e mestre é o criador do universo. Ele é versátil em tudo que faz. Há bilhões de folhas no mundo, mas nenhuma é igual. Há mais de sete bilhões de pessoas no planeta, mas não existe nenhum DNA igual. O Criador fez cada

CAPÍTULO 03

pessoa com sua particularidade na forma de pensar, sentir e agir. A unidade favorece a personalização e a percepção de ser pessoa única e singular. A diversidade retrata a beleza das obras de Deus, e a forma de ele tratar com cada um de nós é peculiar.

Nossa percepção interior, a composição da nossa consciência e a abstração da cognição para o mundo espiritual são inteiramente personalizadas, o que torna impossível construir o conhecimento e apreendê-lo fora da nossa particularidade. A produção do conhecimento e a elaboração da verdade divina seguem a mesma forma de elaborar os argumentos. A verdade de Deus é absoluta, isso é incontestável. Não estamos falando da interpretação do texto seguindo os princípios hermenêuticos e exegéticos, mas da aquisição do conhecimento da verdade absoluta como verdade pessoal e a liberdade de divergir naqueles pontos em que Deus decidiu se calar.

Devemos lembrar que unidade não significa uniformidade. Nossa unidade se entrelaça no Deus trino e na comunhão dos salvos, com todas as peculiaridades da natureza divina e da natureza humana, com todos os tipos de formação e as diversidades da personalidade.

Essa unidade é possível, pela santificação construída na verdade da Palavra: "Santifica-os na verdade; a tua palavra é a verdade" (Jo 17.17). A verdade nos torna novas criaturas, molda-nos e santifica-nos, mas não elabora uma personalidade única. Continuamos sendo o que somos na essência do nosso ser, caminhando para a estatura de varão perfeito, no modelo do homem perfeito, que é Jesus. Ele conquistou a imortalidade e a incorruptibilidade. Essa é a glória do evangelho!

DURVALINABEZERRA

O BENEFÍCIO DA UNIDADE DA FÉ

O conhecimento bíblico-teológico é o cerne da doutrina cristã, pois esclarece em quem cremos e o que cremos. Evidentemente, há divergências teológicas no seio da igreja, pontos conflitantes que nunca foram resolvidos ao longo da história. Todo estudante de teologia tem seus debates, muitas vezes calorosos — o que é normal no campo da ciência.

Para preservar a unidade da fé, algumas posturas devem ser adotadas: Primeiro, é necessário *ter uma atitude de humildade*. Os pontos conflitantes ou divergentes devem ser examinados sem arrogância nem a pressuposição de que há um grupo que detém a verdade absoluta. Não existe uma elite intelectual. Tudo que nós sabemos é o que foi revelado nas Escrituras, não há nenhuma outra fonte de saber fora dela.

Paulo dá-nos uma palavra de alerta: "O saber ensoberbece" (1Co 8.1). Sem humildade, a luz da verdade divina recolhe-se, e o Grande Mestre deixa o homem à mercê do seu próprio raciocínio, o qual não é capaz de conhecer a essência da verdade como revelada pelo Espírito na Palavra. Por isso, o Mestre declara: "Graças te dou, ó Pai [...] porque ocultaste estas coisas aos sábios e instruídos e as revelaste aos pequeninos. Sim, ó Pai, porque assim foi do teu agrado" (Mt 1.25-26).

Segundo, é necessário *saber harmonizar os pontos convergentes e não se deter nos divergentes*. Aquilo que nos une como cristãos-evangélicos é bem maior do que os pontos que nos separam. O cerne da doutrina cristã é a essência do cristianismo — e é nessa essência que encontramos a base da nossa fé. Por exemplo, alguns criaram a ideia de que os reformados são apenas os calvinistas. Porém, a Reforma fez a separação entre

CAPÍTULO 03

qualquer pseudocristão e o cristão verdadeiro. Todo protestante, seja de linha histórica, seja pentecostal, tem sua base de fé e conduta na doutrina reformada. Confessamos os cinco *solas*, os quais resumem a nossa confissão de fé: 1) Só a Escritura. 2) Só Jesus Cristo. 3) Só a fé. 4) Só a graça. 5) Só a Deus glória.

As instituições de educação teológica, confessional ou interdenominacional devem formular sua filosofia institucional de forma a contornar as diferenças doutrinárias com uma boa hermenêutica e exegese bíblica, mas também com o crivo da consciência cristã e da convicção de fé que cada um tem. A verdadeira educação não formula apenas conceitos, ideias ou verdades. Se assim o fosse, o homem reproduziria conhecimentos que não encontram respaldo na sua compreensão e consciência de ser e saber. A educação tem a missão de formar um ser consciente de si mesmo, ou autoconsciente, com a capacidade de lidar com a subjetividade e relacionar a si mesmo com o objeto conhecido.

Trabalho há 46 anos com educação teológica em uma instituição interdenominacional, o Seminário Betel Brasileiro. Em 2005, por exemplo, tivemos, na unidade de São Paulo, alunos oriundos de 95 diferentes igrejas e denominações representadas. Todos iam ao texto sagrado com reverência e temor. Em nosso seminário, o professor é orientado a expor as várias vertentes teológicas, de forma a permitir que cada aluno forme suas convicções diante do que foi ministrado e da doutrina que ele aprendeu em sua igreja.

Todos sabemos que um mestre, não importa que título acadêmico tenha, não tem o direito de ser audacioso a ponto de dizer que tem todas as respostas. O mais conceituado exegeta, por vezes, depara-se com textos cuja interpretação sugere

DURVALINA**BEZERRA**

várias nuances de conceitos. E, na Teologia Sistemática, várias proposições organizam-se de tal forma que permitem variadas interpretações. A dogmática cristã não se reduz à interpretação de João Calvino nem à de Jacó Armínio. A produção do conhecimento que tem o foco na essência, e não nos acessórios, deve constituir a nossa filosofia educacional. Por isso, a opção pela essência da verdade é o melhor caminho para a unidade.

Se quisermos formar líderes que trabalharão com a revelação divina e as coisas sagradas, colocando-se diante da congregação como exemplo para os fiéis, eles não devem ser instruídos apenas na capacidade racional e intelectualmente refinados. A educação contemporânea já extrapolou essa ideia de que o conhecimento se dá apenas pela mente. As escolas entenderam que a aquisição do saber se constrói com a competência cognitiva, afetiva, relacional e social. Segundo Pascal Blaise:

> Conhecemos a verdade não apenas por meio da razão, mas também com o coração. É através desse último que conhecemos os princípios elementares, e é em vão que a razão tenta negá-los [...] Ainda que incapazes de provar isso racionalmente, nossa incapacidade nada mais faz que expor a fraqueza da nossa faculdade de raciocínio, e não a incerteza de todo o nosso conhecimento. Pois princípios são conhecidos pela intuição, enquanto as proposições são inferidas, todas com convicção, ainda que de maneiras diferentes. É tanto inútil como ridículo a razão exigir do coração provas dos princípios elementares, a fim de concordar com eles, como seria para o coração exigir da razão um conhecimento intuitivo de todas as

CAPÍTULO03

suas proposições antes de aceitá-las. Tais limitações apenas servem para humilhar a razão, a qual gostaria de ser juiz de todas as coisas, ainda que não seja, para solapar nossa certeza, como se a razão sozinha fosse capaz de nos abastecer com instrução.[2]

Em nossas escolas de teologia, precisamos não apenas de teólogos, mas de teólogos-educadores e, ainda mais, de pastores-teólogos que tragam para a sala de aula não apenas o conhecimento da eclesiologia, mas da vivência pastoral — como, por exemplo, os desafios de lidar com pessoas influenciadas pelas ideologias do mundo contemporâneo e com as comunidades a quem a igreja deve servir. Precisamos formar teólogos que ensinem com discernimento espiritual e percepção acurada do mistério do evangelho, com reverência e santo temor, mas que também ensinem a prática do amor, a única virtude capaz de abrir o entendimento para nos fazer ler não apenas o texto sagrado, mas as intervenções de Deus na história dos homens. Não é razoável limitar o entendimento teológico às proposições dos grandes pensadores que se "assentam na cadeira", como os escribas de Israel criticados por Jesus (Mt 23.2).

A unidade é formada na verdade ensinada e transforma-se em conduta, verdade que molda o nosso ser à imagem de Jesus. O propósito do conhecimento é a encarnação do caráter de Jesus em nós. Se cada professor entende essa verdade e assim procede, a unidade do corpo de Cristo será desenvolvida, porque *a prática da verdade nivela tanto o mestre como o aprendiz*

---

[2]BLAISE, Pascal. In.: Houston, James M. (ed.). *Mentes em Chamas: Fé para o cético e indiferente*. Brasília: Palavra, 2007, p. 95-96.

no modelo do cristianismo verdadeiro: "um só é o vosso Mestre, e vós todos sois irmãos" (Mt 23.8).

O BENEFÍCIO DE PRODUZIR O CONHECIMENTO BÍBLICO-TEOLÓGICO EM UMA PROPOSTA DE UNIR A ACADEMIA À ESPIRITUALIDADE

Evidentemente, o conhecimento com o qual trabalhamos está inserido no campo da espiritualidade. Confessamos a fé cristã, e a verdade bíblica encerra todos os nossos argumentos. No entanto, por vezes, preocupados em oferecer um currículo acadêmico e em atender às exigências do Ministério da Educação e Cultura, há sempre uma busca exacerbada pelo intelectualismo, e, nesse caso, a tendência é de o pêndulo se inclinar mais para uma educação academicista. Por conseguinte, a espiritualidade toma a forma de algo que é místico e, por isso, sem consistência.

Entendemos espiritualidade como a capacidade de ver todas as dimensões da vida na perspectiva de Deus, com uma cosmovisão que nos estimule a codificar todas as coisas pela verdade bíblica e a pensar o mundo segundo a ótica divina. Unir uma coisa à outra é um desafio, como expõe o pastor Ricardo Barbosa:

> O divórcio entre a teologia e a espiritualidade surge no fim da Idade Média, com o escolasticismo. Se, de um lado, Gregório afirmava, no século sexto, que amor é conhecimento, agora Tomás de Aquino, no século décimo-terceiro, distinguia o conhecimento de Deus que surgia do amor e relação com ele daquele que era propriamente científico e dogmático. A partir dos séculos dezesseis e dezessete, vemos que a separação da teologia da vida espiritual ganha corpo na medida em

CAPÍTULO 03

que ela torna-se cada vez mais subdividida.

O iluminismo gerou um novo tipo de teólogo: aquele que nunca orou. O cristianismo enfrenta seu grande desafio. De um lado, há o desafio teológico, de preservar fundamentos, estabelecer alicerces, construir as bases. De outro, o desafio espiritual, de considerar as demandas e os anseios do espírito, o lugar e o significado da oração e do relacionamento pessoal com Deus. Segundo o Prof. James Houston, "o desafio que temos é o de buscar uma teologia mais espiritual e uma espiritualidade mais teológica".[3]

Para que haja unidade na produção do conhecimento, é necessário que o estudo da teologia nos ponha de joelhos dobrados diante da revelação divina, aqueça nosso coração com o amor do Pai que nos faz vislumbrar seus atributos tão justos e retos, e promova em nosso espírito uma atitude de adoração, oração e entrega.

Desejo que a sala de aula seja um ambiente onde a razão se funda com a intuição e se alie às convicções, onde as verdades questionadas encontrem respostas no sentido *da* vida e no sentido *na* vida. Afinal, a labuta pedagógica tem sua razão de ser e seu sentido na execução do labor ministerial. O que dá sentido à produção do conhecimento é a capacidade de usá-lo e experienciá-lo no cotidiano, visando à transformação interior, à renovação da nossa mente e à transformação do homem caído em um ser restaurado pela verdade do evangelho que pregamos.

---

[3]"Espiritualidade e Espiritualidades". Disponível em: <http://www.monergismo.com/textos/vida_piedosa/espiritualidade.htm>. Acesso em: 20 de jan. de 2021.

DURVALINABEZERRA

O MALEFÍCIO DA FALTA DA UNIDADE É QUANDO PERDEMOS TEMPO COM PONTOS CONTROVERSOS

A construção do conhecimento bíblico-teológico trata das doutrinas fundamentais em sua essência, o que edifica. Sendo assim, devemos rejeitar aquilo que não edifica. Isso não quer dizer que não devemos analisar todos os assuntos, até mesmo aqueles com que não concordamos. Mas devemos lembrar que nunca conseguiremos fechar questões contraditórias, até porque o Senhor do saber não é interessado nesses quesitos.

No cristianismo não sabemos para crer, cremos para saber. A verdade divina é revelada dentro dos limites postos por Deus, como declarava Anselmo de Cantuária: *Fides quaerens intellectum*, a fé em busca do entendimento. O sábio apóstolo Paulo declara: "Evite discussões insensatas, genealogias, contendas e debates sobre a lei; porque não têm utilidade e são fúteis" (Tt 3.10). E, no dizer do pastor Jonas Madureira: "Sobre aquilo que não se pode falar, deve-se calar [...] Mas se, contrários ao bom senso, desatamos a falar copiosamente sobre o que não conhecemos, das duas uma: ou somos tolos ou somos arrogantes".[4]

Certo dia, conversando com uma irmã da igreja, ela me disse: "Vejo que, às vezes, a igreja perde muito tempo com as questões do batismo, o importante é a água ou a quantidade da água? Se não é um símbolo, então o pão da Ceia do Senhor deveria ter um metro e setenta". O dr. Martyn Lloyd-Jones afirmou que perdemos o equilíbrio da vida cristã quando nos detemos em doutrinas particulares: "Não importa qual doutrina particular seja; sempre que se torna obsessão é erro. Se você está mais

---

[4] *Inteligência humilhada*. São Paulo: Vida Nova, 2017, p. 44.

interessado numa doutrina particular do que no conhecimento de Deus e do Senhor Jesus Cristo, você tirou de foco a verdade e se tornou uma pessoa espiritualmente obsessiva".[5]

O MALEFÍCIO DA RIGIDEZ DOUTRINÁRIA QUE GERA A FORÇA DOS PRECONCEITOS

O ser humano é, em si, preconceituoso. Por essa razão, nossa sociedade tem elaborado leis para evitar o desrespeito, por exemplo, ao negro, à mulher e aos homossexuais. No meio evangélico, temos outros tipos de preconceitos.

Deus me deu a graça de ministrar em vários congressos ao lado de muitos conferencistas, mas, pela falta de tempo e até de oportunidades, não conversamos sobre a vida pessoal. Depois de certo tempo, uma pessoa me confessou: "Eu gosto de ouvi-la, mas eu tinha certa barreira com você porque eu pensava que você era da Assembleia de Deus". No Congresso Brasileiro de Missões, o pastor Hernandes Dias Lopes pregou sobre avivamento. Seus argumentos e linguagem eram todos de um pregador pentecostal, e todos o aplaudiam, inclusive eu. Mas, pensei, se fosse um pentecostal que pregasse essa mesma mensagem, ele seria rejeitado pela maioria da plateia. Preconceitos.

Também sabemos que alguns pregadores de tradição histórica são alvo de gozação por parte de pentecostais por serem vistos como pessoas frias, sem ardor espiritual. Damos graças a Deus porque alguns pregadores têm sido ouvidos pela igreja brasileira e têm procurado quebrar esses preconceitos dos dois lados. Dentro de escolas teológicas confessionais, onde

---

[5] *O combate cristão*. São Paulo: PES, 2018, p. 164.

DURVALINABEZERRA

a direção se gloriava de ter dezenas de alunos pentecostais, cheguei a presenciar casos de discriminação, nos quais esses alunos sofriam com piadinhas constantes e diferenças no modo como eram tratados. Também presenciei debates em congressos evangélicos em que jovens militantes defendiam a teologia do negro, a teologia feminista ou a teologia da libertação, mas se mostravam incomplacentes com o pentecostalismo.

Essa é uma realidade que não podemos ignorar.

O engessamento doutrinário produz o preconceito e estigmatiza pessoas. Nós as rotulamos de tal forma que as marginalizamos e as excluímos do diálogo. O filósofo Mário Sérgio Cortella comentou em certa ocasião que, se começamos a conversa certificando em que lado o outro está, o diálogo não acontece. Ele está certo. Em vez de dialogarmos, respeitando as nossas diferenças e construindo pontes para a unidade da igreja e para o desenvolvimento do reino de Deus, tendo em vista o bem comum e a solidariedade, fechamo-nos e tornamo-nos uma ilha que, alimentada pelo nosso egoísmo, fecha as portas para a unidade tão buscada pelo Mestre.

Se a unidade da igreja não começar na nossa mente, na forma de produzir o ensino bíblico-teológico, será difícil preservar a unidade e alcançar o objetivo de ser um corpo uno que atrai os pecadores e glorifica a Deus.

DURVALINA BEZERRA

Diretora do centro de Educação Teológica e Missiológica Betel Brasileiro. Professora visitante de Centros de Preparo Missionário. Conselheira do Movimento Mulheres em Ministério. Membro do Conselho de Referência da Aliança Evangélica Brasileira. Conferencista e escritora.

QUATRO

UNIDADE NÃO É UNIFORMIDADE

FARLEY LABATUT

Existe um grande desafio na jornada da igreja em direção à unidade. Não se trata apenas de valorizarmos mais os aspectos em que somos diferentes do que aquilo em que somos semelhantes, mas, sim, de valorizarmos nossas diferenças *da forma errada*. As diferenças são muito importantes para o ser humano pecador porque o homem caído depende delas para se considerar melhor que os outros — uma triste constatação. Como disse C. S. Lewis:

> O prazer do orgulho não está em se ter algo, mas somente em se ter mais que a pessoa ao lado. Dizemos que uma pessoa é orgulhosa por ser rica, inteligente ou bonita, mas isso não é verdade. As pessoas são orgulhosas por serem mais ricas, mais inteligentes e mais bonitas que as outras. Se todos fossem igualmente ricos, inteligentes e bonitos, não haveria do que se orgulhar. É a comparação

que torna uma pessoa orgulhosa: o prazer de estar acima do restante dos seres. Eliminando o elemento de competição, o orgulho se vai.[1]

O outro, o diferente de nós, é o principal elemento para a formação de uma identidade cultural nossa. É quando nos relacionamos com o que está fora de nosso nicho familiar, regional ou religioso que passamos a perceber que fazemos parte de algo construído em nós que nos tornou diferentes de outros grupos de forma singular.

Ao contrário de muitas pessoas, não considero o fato de haver muitas denominações cristãs distintas necessariamente um problema. Acredito que denominar é uma necessidade. Mais que isso, é inevitável. Denominar é simplesmente identificar um grupo que carrega características de uma cultura específica, assim como uma família tem cultura própria que a distingue das demais.

Eu me casei com a minha primeira namorada, após um namoro que durou seis longos anos. Um dos aspectos que mais me marcaram nesse convívio intenso com minha futura esposa e seus familiares foi perceber quanto nossas famílias eram diferentes, apesar de ambas serem cristãs. Certo dia, me peguei olhando com certo distanciamento não apenas para a família dela, mas também para a minha. Foi desconfortável perceber quanto a minha família era estranha, embora também visse muitas idiossincrasias na de minha então namorada.

Essa experiência pessoal, junto aos anos de ministério pastoral, me levou a perceber algo: quando analisadas "de fora",

---

[1] *Cristianismo puro e simples.* São Paulo: Martins Fontes, 2016, p. 163.

CAPÍTULO**04**

todas as famílias têm estranhezas, excessos e limitações. Mas não é só isso. Ao reconhecer as diferenças entre elas, podemos perceber também elementos admiráveis que formaram o seu modo de viver. Hoje, identifico aspectos da construção cultural da minha família que antes não eram nem percebidas, por um simples fato: *eu pensava que todas as famílias eram iguais*. Porém, há peculiaridades admiráveis da família de origem de minha esposa que tenho muita alegria de ver transmitidas à nossa descendência. Afinal, somos únicos, com nossas esquisitices e virtudes particulares.

As experiências familiares mostram que o fato de fazermos parte de um núcleo e sistema familiar específicos não nos impede de nos relacionarmos com outras famílias, amando-as e servindo-as, e sendo amados e servidos por elas. É claro que existe um limite para essa comunhão; não considero saudável que minha família se relacione, por exemplo, com a de traficantes de drogas ou a de pessoas promíscuas. Mas é muito claro que os relacionamentos com famílias diferentes da nossa em muitos aspectos são extremamente edificantes e necessários para nossa saúde emocional.

É por isso que afirmo que denominar não é o problema. Traçando um paralelo entre nossos núcleos familiares e as famílias de fé, vejo que denominar nos conecta com uma família espiritual específica, fala de qual família viemos e debaixo de qual cultura fomos formados.

UNIÃO É UMA NECESSIDADE

Uma das maiores provas de nossa necessidade de união é o fato de que Deus não dá tudo para ninguém. O evangelho

FARLEYLABATUT

é coletivo. O Espírito distribui os dons individualmente, conforme ele quer (1Co 12.11), e Deus garante sua presença onde dois ou três estiverem reunidos (Mt 18.20). Após a ascensão de Cristo, para que o Espírito viesse sobre a igreja que estava nascendo, a orientação foi que permanecessem juntos, e unânimes (Lc 24.49) A instrução paulina de que, "quando vocês se reunirem, um cantará, o outro ensinará, o outro revelará, um falará em línguas e outro interpretará o que for dito. Tudo que for feito, porém, deverá fortalecer a todos" (1Co 14.26) foi feita porque ninguém recebe tudo. Jesus edificou sua igreja de forma que, para nos movermos de maneira saudável, devemos depender uns dos outros.

O problema acontece quando nossas diferenças nos separam e nos fazem sentir-nos melhores, superiores ou mais detentores da verdade do que as outras famílias de fé. Isso gera sentimentos pecaminosos, competitivos e orgulhosos — o que é terrível, como bem identificou William Law:

> O orgulho é como um furto: os orgulhosos tomam para si mesmos a glória de Deus. Para desenvolver a humildade pessoal ao meditar, simplesmente examine sua vida. Suponha que todos os seus pensamentos de repente se tornem transparentes perante o mundo. Se alguém soubesse que motivações secretas corrompem até suas ações mais nobres, já não esperaria ser respeitado por sua bondade. Pense como é vergonhosa a natureza do pecado, como é grande a reparação necessária para purificar-nos da culpa. Exigiu-se nada menos que o sofrimento e a morte do Filho

de Deus. Há espaço para o orgulho enquanto partilhamos de uma natureza como a nossa?[2]

Se, por um lado, os pecados que mais nos assemelham a Satanás são justamente o orgulho e o sectarismo, por outro, o sangue de Jesus, que nos purifica de nossas iniquidades, é também o que nos une como um só corpo:

> Mas agora em Cristo Jesus, vocês, que antes estavam longe, foram aproximados pelo sangue de Cristo. Porque ele é a nossa paz. De dois povos ele fez um só e, na sua carne, derrubou a parede de separação que estava no meio, a inimizade. Cristo aboliu a lei dos mandamentos na forma de ordenanças, para que dos dois criasse em si mesmo uma nova humanidade, fazendo a paz, e reconciliasse ambos em um só corpo com Deus, por meio da cruz, destruindo a inimizade por meio dela.
>
> **EFÉSIOS 2.13-16**

Se o orgulho é o grande motivador da divisão, soma-se a ele o medo de, ao nos abrirmos à possibilidade de estar em unidade com o diferente, perdermos a própria identidade. Nesse sentido, a chave que abre nosso coração para a unidade perfeita almejada por Cristo é entendermos que *unidade* é diferente de *uniformidade*. Afinal, nós não precisamos nem devemos ser iguais; precisamos apenas estar unidos. Não precisamos nem

---

[2]BELL, James Sturt. DAWSON, Anthony P. *A biblioteca de C. S. Lewis: Seleção de autores que influenciaram sua jornada espiritual*. São Paulo: Mundo Cristão, 2006, p. 251.

devemos abrir mão de ser quem somos; devemos apenas respeitar, admirar e, principalmente, receber daqueles que são diferentes de nós.

A RIQUEZA DA PLURALIDADE

Muitos anos atrás, quando eu fazia parte da Comunidade Alcance de Curitiba, aprendi algo com meu então pastor. Na época, havia um ministério específico e frutífero que se dedicava a realizar seminários e tratar de santidade com adolescentes e jovens. Nós convidamos esses irmãos para realizar seu encontro em nossa igreja, e muitos jovens se reuniram para as ministrações durante um sábado inteiro.

Depois de algumas ministrações, fui almoçar com meu pastor e ele me perguntou se eu estava gostando das preleções. Eu prontamente respondi que sim. Foi quando ele me disse: "Farley, tudo que eles ensinam, eu ensino. Tudo que eles pregam, eu prego. Eu poderia, inclusive, trazer o mesmo ensino, sendo biblicamente mais profundo e expositivo. Por que, então, um investimento para trazer outro ministério para ensinar a igreja?". Diante de minha expectativa, ele respondeu: "Porque eu não teria a mesma linguagem, não me conectaria da mesma forma com esses jovens e não teria a mesma graça para comunicar essas verdades específicas".

Foi uma conversa muito simples, mas que me fez perceber que ninguém recebeu tudo nem é melhor em tudo. Reconhecer a graça que existia na vida daqueles irmãos em comunicar santidade aos jovens e adolescentes não diminuiu a importância de nossas características e dons ministeriais. Pelo contrário! Olhar para eles com admiração, reconhecimento e respeito

CAPÍTULO**04**

evidenciou a importância que eles têm no reino — e que nós também temos. Nossos dons, características e habilidades não são opostos, são complementares. E, quando nos abrimos e abrimos a igreja para que pessoas diferentes nos sirvam, a igreja é enriquecida e edificada.

Alguns anos depois desse episódio, passei a fazer parte do corpo de pastores. Foi uma das maiores escolas da minha vida. Éramos todos muito diferentes uns dos outros. Tínhamos dons, características, temperamentos e histórias diversas, e nosso pastor titular sempre deixou todos falarem, discordarem e questionarem. Algumas reuniões ficavam realmente bem quentes. Lembro que um dia, depois de um momento de discussão respeitosa, mas acalorada, ele disse: "Graças a Deus, somos tão diferentes uns dos outros, pois, se fôssemos todos iguais, no dia em que um caísse, iríamos todos juntos para o buraco".

"Na multidão de conselheiros há sabedoria" (Pv 11.14), diz a Escritura. Por que na *multidão* de conselheiros? Porque mesmo entre aqueles que são maduros e idôneos a ponto de serem considerados conselheiros, haverá diferenças e divergências. E é justamente na convergência de nossas diferenças que a verdadeira sabedoria pode ser encontrada. Não havia uniformidade nos pensamentos e nas atitudes dos pastores de nossa igreja, mas, sem dúvida, havia unidade.

As diferenças sempre fazem o ser humano crescer e amadurecer, seja no casamento, seja na família, seja na igreja. Somos diferentes, mas nosso propósito é comum: a construção de uma família saudável. Nem mesmo na igreja que plantei eu concordo com tudo. Sem dúvida eu faria muita coisa diferente se não entendesse a importância de um governo plural e não compreendesse que não sou suficiente para exercer a regência

FARLEYLABATUT

sem irmãos diferentes de mim. Uma igreja em que tudo for do meu jeito só servirá para mim — eu serei o único membro e, com certeza, não serei feliz nem bíblico, porque ninguém é igreja sozinho.

FARLEY LABATUT

Pastor da Igreja Cornerstone, em Curitiba (PR), escritor e palestrante.

CINCO

O IMPACTO DA UNIDADE E AS CONSEQUÊNCIAS DA FALTA DE UNIDADE NAS MISSÕES URBANAS E NAS TRANSCULTURAIS

GUSTAVO FALEIRO

Sou pastor, filho de um pastor de uma denominação histórica. Meu pai, além de pastorear muitas igrejas, também era muito envolvido nas esferas políticas e administrativas de nossa denominação. Isso me permitiu perceber desde cedo a importância de voltar meus olhos com atenção para outras igrejas e não só para a comunidade local na qual eu congregava. Rapidamente, me vi conhecendo famílias de fé em diversos bairros e cidades de nosso estado, com visões teológicas e doutrinárias muito diversas. Ao mesmo tempo, pude reparar na limitação que não deixava que essas comunidades enxergassem algo além de suas fronteiras denominacionais. Diante de um Deus ilimitado e soberano, comecei a perceber que nosso universo era absurdamente restrito e que aquilo que eu entendia como sendo o reino de Deus era não mais que uma fração de um todo infinitamente maior.

Aos 17 anos, comecei a tocar bateria com grupos de música cristã. Essa experiência aumentou ainda mais minha percepção sobre como o reino de Deus se manifesta na imensidão da pluralidade. Passei a visitar sistemática e constantemente diversas igrejas em todo o país. Por tocar com diversas bandas e cantores, praticamente todo fim de semana eu me via em alguma comunidade de fé de denominações e linhas doutrinárias diferentes da minha.

Foi então que eu e minha família nos lançamos ao campo missionário. Passamos seis anos em Paris, na França, vivendo um projeto evangelístico que utiliza a arte como ponte para estabelecer relacionamentos. Éramos parte de uma equipe que coordenava um centro cultural no meio da Cidade Luz. Essa experiência radical e transformadora abriu ainda mais nossos olhos para a essencialidade da unidade da igreja.

Vivi experiências inimagináveis e situações tragicômicas. Fato é que minha visão sobre o reino de Deus e a maneira de vivê-lo se alargou consideravelmente, junto a uma percepção clara da grande necessidade de unidade entre os cristãos e das consequências nefastas que a falta de unidade traz para que o evangelho de Cristo seja visto de forma relevante pela sociedade.

Tudo que discuto neste capítulo é fruto dessa experiência de vida, posta à luz da Bíblia.

CAPÍTULO05

O IMPACTO DA UNIDADE

O texto de Efésios 4.3-6 é fundamental, prático e vital para a compreensão do impacto da unidade da igreja. Paulo escreveu: "Façam todo o possível para se manterem unidos no Espírito, ligados pelo vínculo da paz. Pois há um só corpo e um só Espírito, assim como vocês foram chamados para uma só esperança. Há um só Senhor, uma só fé, um só batismo, um só Deus e Pai de tudo, o qual está sobre todos, em todos, e vive por meio de todos".

Se cremos nessas palavras, necessariamente devemos viver essa proposta de forma integral. Parece óbvio, mas, na prática cotidiana, parece que nos esquecemos de que Deus não é batista, metodista, presbiteriano ou assembleiano e, ao mesmo tempo, sim, ele é! Quando, e somente quando, a igreja compreender que as barreiras denominacionais e as limitações impostas por sistemas teológicos precisam ser encaradas como diferentes ramos da mesma videira, a expansão do evangelho se dará de forma muito mais relevante e impactante.

As estratégias de plantação de igrejas que vemos na realidade brasileira de nossos dias estão muito mais arraigadas às denominações do que voltadas à expansão do reino de Deus. Isso é visível quando vemos que, na maioria, as estratégias de expansão missionária e plantação de igrejas não levam em conta outras comunidades de fé inseridas no local onde o plantio se dará. Fala-se muito em expansão, mas, se cremos que há um mesmo Deus, um só Senhor e uma só fé, não seria possível, hipoteticamente, entender que uma denominação plantada em algum lugar já cumpre esse papel e que o que precisamos fazer é ajudá-la, fortalecendo o que já está sendo feito ali, em vez de investir no começo de algo novo?

GUSTAVOFALEIRO

Tenho natureza extremamente evangelística. Creio, oro e proporciono sempre que possível projetos visando à expansão do reino na terra. Peço sempre a Deus pelo aumento de igrejas e por novas oportunidades. Sou profundamente engajado com movimentos missionários no Brasil e no mundo. E é exatamente por isso que penso dessa forma. Quando a igreja compreender que o reino de Deus deve se fazer presente em algum novo lugar, e não necessariamente uma bandeira denominacional, o impacto, a força e a velocidade do aumento de projetos serão surpreendentes.

Um exemplo prático: suponhamos que certa denominação tenha sido profundamente movida por Deus para abrir uma nova igreja em uma cidade com 1.500 habitantes no sertão brasileiro. Lá chegando, percebe que outra denominação teve a mesma visão e se instalou na localidade anos antes. Nesse cenário, os plantadores de igreja da referida denominação deveriam abrir uma nova igreja ou somar à que já está lá? A resposta a esse dilema traz, na maioria das vezes, o real — ou não — senso de unidade entre os cristãos.

Se a resposta for na direção de que querem que o reino de Deus venha a esse lugar, a consequência trará um impacto forte, rápido e prático, mediante a decisão de apoiar o projeto já em andamento, unir forças e trabalhar para que o evangelho seja pregado e a vontade de Deus seja feita. Porém, se a resposta for na direção de que a denominação comece um trabalho do zero na localidade, teremos uma segunda igreja cooperando — ou disputando — com o que está sendo feito na referida comunidade.

Quando dialogamos sobre essa realidade, a reação de nossos interlocutores costuma ser condicionada por duas ideias preconcebidas: primeiro, a ideia de que apoiar irmãos de outra denominação já presentes na localidade é muito bonita, mas não passa de uma grande utopia. Segundo, a ideia de que pôr essa iniciativa em prática não é tão simples assim, pois estamos falando de doutrinas e visão de reino diferentes e da total incompatibilidade de um trabalho em comum. Permita-me refletir sobre esses dois pontos de vista.

"A ideia é bonita, mas não passa de utopia"

Ao contrário do que muitos pensam, esse pensamento não é nem um pouco utópico. E não falo a partir de teorias, mas de uma constatação prática. Baseio essa convicção na observação de uma série de alianças interdenominacionais que estão se movendo nessa direção, dentre as quais cito um exemplo transcultural que mostra essas atitudes na prática.

Quando olhamos o cenário da igreja cristã na Europa, percebemos que há uma grande dificuldade de avanço em diversos aspectos. Diante da carência e da necessidade de ajuda e cooperação, as barreiras denominacionais tendem a ser mais leves. Na França, por exemplo, há um projeto interdenominacional que tem como objetivo plantar uma igreja para cada dez mil habitantes ao longo de todo o território, o *Projeto 1 pour 10.000*, promovido pelo Conselho Nacional dos Evangélicos da França.[1] Diversas denominações se uniram nesse sentido e estabeleceram um acordo estratégico para que o projeto seja viável na prática, como Batista, Assembleia de Deus, Menonita, Hillsong, Quadrangular, Nazareno, Metodista e diversos grupos reformados, pentecostais, carismáticos, arminianos e outros.

---

[1]Disponível em: <www.lecnef.fr>. Acesso em: 8 de set. de 2021.

GUSTAVOFALEIRO

Graças à cooperação de diversas denominações e organizações eclesiásticas engajadas na expansão do reino de Deus, já é possível sonhar e mensurar, mesmo que de forma distante, uma igreja para cada dez mil habitantes em solo francês. Tive o privilégio de participar da plantação de duas dessas comunidades de fé e do treinamento e do envio de pastores e líderes que estão se engajando em outras áreas.

Minha experiência prática mostra que a unidade de denominações e grupos cristãos que divergem em aspectos secundários da fé traz força e permite um maior diálogo com o Estado francês, que tem regras muito rígidas para a abertura de novas igrejas. É visível como os grupos que se envolvem passam a ter uma visão do reino de Deus muito maior do que a ideia esdrúxula de que ele se restringe à denominação A ou B ou aos adeptos do sistema teológico X ou Y.

Podemos afirmar sem medo de errar que, sem a cooperação interdenominacional, uma iniciativa como essa levaria muito mais tempo para ser implementada.

"Pôr essa iniciativa em prática não é tão simples assim, pois estamos falando de doutrinas e visão de reino diferentes e da total incompatibilidade de um trabalho em comum"

Preciso concordar que esse tema é bastante áspero na caminhada cristã. Já tive o dissabor de presenciar rupturas de igrejas por lideranças que não conseguiam trabalhar juntas ou estabelecer um ponto de equilíbrio entre o que é essencial e o que pode ser negociável entre dois polos. Entendo até que, em certos casos, a separação trouxe mais pontos positivos do que negativos.

Porém, gosto sempre de tratar regra como regra e exceção como exceção. Se um diálogo entre pessoas e grupos com certas divergências for estabelecido de forma muito sincera e a real intenção de implementação do reino de Deus for o centro da discussão, na maioria das vezes se torna possível um consenso sobre o essencial e o negociável. A regra passaria a ser, então, a cooperação. Já os casos de incompatibilidade total passariam a ser tidos como exceção.

Infelizmente, o que vemos ocorrer amplamente é um conjunto de líderes e denominações que não estão dispostos a dialogar e abrir mão de alguns pontos no ambiente do que é negociável em prol de um objetivo comum. Quando isso ocorre, em geral é por arrogância e vaidade. Esse fato lamentável faz com que a regra se torne, infelizmente, a abertura de diversas igrejas diferentes, mesmo sem a real necessidade, e que o trabalho de mútua cooperação se torne a exceção.

CONSEQUÊNCIAS DA FALTA DE UNIDADE

Em minhas muitas andanças por igrejas de diferentes linhas teológicas e doutrinárias, vivi uma experiência muito marcante e infeliz. Certa vez, cheguei de carro a uma igreja na zona sul do Rio de Janeiro, cuja liderança me havia convidado para pregar em um de seus cultos. Ao estacionar, percebi que havia outra igreja bem em frente, do outro lado da rua.

Enquanto estava com a porta do meu carro aberta, pegando alguns pertences e me preparando para sair do veículo, um casal passou pela calçada, bem ao meu lado, a ponto de eu conseguir escutar a conversa. O que ouvi ficou gravado em minha memória. Com semblante de total reprovação, um deles disse: "Onde já se viu? Essas igrejas de hoje em dia, uma de frente para a outra. Parece até farmácia. Deve estar dando muito dinheiro para fazerem isso".

Naquele instante, parei. Senti-me envergonhado, como membro do corpo de Cristo, e percebi quão maléfico tem sido o testemunho da igreja quando se comporta como concorrente, e não como parceira. Fiquei tão constrangido que, ao entrar no prédio, as pessoas que me receberam repararam meu semblante e perguntaram se estava tudo bem. Eu respondi que não. Entendi que não seria o momento de compartilhar a experiência, mas mergulhei, ao longo das semanas seguintes, em uma profunda reflexão acerca da cena que presenciara. Aquele casal parecia ser morador da região, e a impressão que eles tinham das duas comunidades de fé era a pior possível. Logo, a probabilidade de eles entrarem em uma delas e assistir a um culto era mínima.

Essa competição velada é lamentável. Ainda mais pelo fato de que aquele casal representa as pessoas que devem ser o alvo de nosso carinho, amor, atenção e evangelismo. É triste perceber que igrejas evangélicas podem atravessar os anos sem se dar conta de que seu testemunho é potencialmente danoso para a visão que os não cristãos têm acerca do reino de Deus.

Em nossa igreja local, temos o hábito de orar em todo culto por outras denominações. Por entendermos que, ao mesmo tempo em que estamos cultuando a Deus, outras famílias de fé estão vivendo o mesmo privilégio que nós, cultivamos a prática constante e regular de abençoar em oração diversas igrejas de nosso bairro, cidade e país. Embora para alguns isso possa soar muito estranho, para nós isso não é nada anormal. Afinal, se somos família, compomos um só corpo e fomos gerados por Deus como irmãos e irmãs em Cristo, estamos fazendo o óbvio ao interceder em favor de nossa família de fé. Para meu espanto e surpresa, já ouvi inúmeras vezes pessoas dizerem que nunca

CAPÍTULO**05**

viram este ato tão biblicamente natural ser feito em uma igreja evangélica.

Certa vez, um irmão de outra denominação que veio pregar em nossa comunidade a meu convite sentiu-se tão tocado com esse ato que externou várias vezes sua emoção enquanto pregava. Ao mesmo tempo em que eu ficava alegre ao ver nossa igreja local dar bom testemunho de que o reino de Deus é maior do que nós, preciso admitir que, mais uma vez, o sentimento de vergonha e constrangimento tomou conta do meu coração.

Para mim, é surreal que orar por igrejas de outras denominações — que deveria ser normal e rotineiro em todas as igrejas — seja celebrado como algo inédito por uma pessoa que visita regularmente igrejas de muitas denominações diferentes. Fiquei envergonhado por saber que estamos muito distantes da posição em que Deus deseja que estejamos, conforme explicitado na Bíblia: um só corpo, com uma só cabeça (1Co 12.12-14; Ef 4.15; 5.23; Cl 1.18).

A falta de unidade provoca atrasos. Inviabiliza projetos missionários. Gera mau testemunho. E é pecado! Se não enxergarmos essa realidade com o peso espiritual que ela realmente tem, nunca sairemos do lugar raso no qual a igreja se encontra dentro do cenário social de nossos dias.

MINHA ALEGRIA, MINHA ESPERANÇA E MEU CONSELHO

A iniciativa da editora GodBooks, em parceria com a Thomas Nelson Brasil, de publicar este livro me alegra imensamente. Afinal, esta obra literária é um exemplo concreto do que precisamos viver. Seria injusto, incompleto e superficial demais se fosse escrito por uma só voz um livro tão importante

GUSTAVOFALEIRO

como este, que trata de quão imperativa é a unidade na igreja. É maravilhoso o fato de termos como autores dos capítulos desta obra vozes variadas, cheias do Espírito Santo e conduzidas por ele, colaborando para que você possa refletir sobre esse assunto tão belo, importante e essencial para o reino de Deus a partir de percepções e pontos de vista distintos e complementares.

Minha esperança é que um dia possamos ver igrejas e denominações se voltando verdadeiramente para o evangelho e não para um sistema teológico e denominacional limitado, imperfeito e segregador. O evangelho tem dono e autor: Deus. O verdadeiro evangelho de Cristo destrói barreiras denominacionais e produz pontes de colaboração, parceria, oração e intercessão.

Eu oro para que a unidade se torne fato antes da volta de Jesus. E oro para que Deus abençoe todas as denominações que se reúnem em seu nome, aquelas que o adoram de forma bíblica e cristocêntrica! E, embora tenham características diferentes em certos aspectos de doutrina e teologia, as denominações que caminham dentro dos ditames bíblicos são muitas, apesar do que os sectários possam pensar.

Por fim, meu conselho a você é que se arrependa do tempo em que possa ter enxergado sua comunidade de fé como única. Peça perdão a Deus por isso. Mas que esse arrependimento não seja apenas um lamento; eu oro para que haja uma real tristeza com efeito bíblico, como nos ensina a Escritura: "Porque a tristeza que é da vontade de Deus conduz ao arrependimento e resulta em salvação. Não é uma tristeza que causa remorso" (2Co 7.10).

CAPÍTULO05

Que essa tristeza resulte em resoluções. Em uma vida prática de alguém que valoriza o corpo de Cristo e que vai lutar com todas as forças para que o reino de Deus venha e a vontade de Jesus seja feita nesta terra, até que ele volte.

GUSTAVO FALEIRO

Pastor na Igreja Metodista em Botafogo, no Rio de Janeiro (RJ), é mestrando em Estudos Interculturais pelo Asbury Theological Seminary (EUA) e formado em Teologia e Administração de Empresas. Serviu como missionário em Paris por seis anos e apoia projetos missionários ligados a diferentes denominações.

SEIS

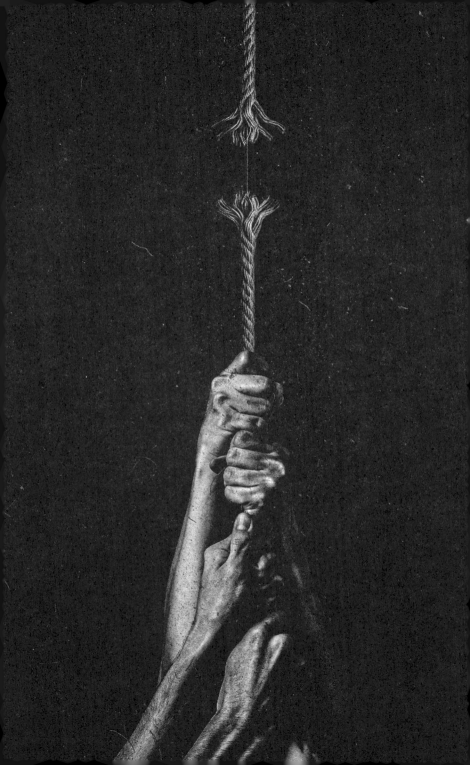

UNIDADE EVANGÉLICA E CATOLICIDADE: O ESPÍRITO ENTRE CACOS

IGOR MIGUEL

Na adolescência, eu era rebocado por minha mãe contra minha vontade a cultos evangélicos em minha cidade natal, Cabo Frio (RJ). Com a Bíblia que ganhara de minha avó, mamãe questionava a idolatria e o ritualismo da Igreja Católica Apostólica Romana (ICAR). Ela demonstrava um sentimento comum na década de 1990, um tipo de radicalismo fervoroso daqueles que redescobriam a fé em um Cristo pessoal. O formalismo e a burocracia litúrgicos do romanismo eram substituídos pela busca por um culto autêntico, um cristianismo baseado em intimidade com um Jesus que está presente aqui e agora. Ele salva, cura e liberta — esse era o mote. Eis o clima de renovação pentecostal que testemunhei antes de minha vida adulta.

Tudo aquilo combinava-se com um obstinado pietismo, uma paixão missionária e evangelizadora. Éramos desajeitados e teologicamente imprecisos, mas ninguém duvidaria de nossa

IGORMIGUEL

sinceridade e disposição de levar Jesus com ousadia a favelas, comunidades rurais, vizinhos, espíritas e católicos — praticantes e não praticantes.

O cenário não é incomum no interior do estado do Rio de Janeiro. Um amontoado de lojas e galpões ostentam placas com horários de cultos temáticos e os mais exóticos nomes. Avizinham-se a essas igrejas independentes e salões pentecostais e neopentecostais, igrejas históricas, consagradas pelo tempo de serviço ao evangelho no Brasil. Dentre elas, as teologicamente (pre)ocupadas, mais disciplinadas em sua forma de conhecer e cultuar a Deus.

Ainda em um seminário pentecostal, tive uns poucos colegas de classe que eram de igrejas ditas "tradicionais". O termo remete a gente fria, que não crê na continuidade da operação do Espírito Santo. Gente fechada à operação sobrenatural de Deus no tempo presente. Eles eram minoria em nosso meio e, por isso, eram alvo frequente de brincadeiras "ingênuas", alusões a uma suposta falta de batismo no Espírito Santo.

Levei tempo para perceber as imprecisões desses estereótipos. Não me surpreende que muitos irmãos pentecostais da atualidade ainda carreguem essas caricaturas em relação a seus irmãos que professam o evangelho, mas apenas não concordam com a interpretação pentecostal quanto ao batismo no Espírito Santo e os dons. Da mesma forma, irmãos ligados a igrejas mais históricas tendem a tratar seus irmãos pentecostais de maneira estereotipada, reduzindo-os aos exageros. Infelizmente, não nos aproximamos uns dos outros a partir do que temos de melhor. Ainda não.

Como, naquela época, minha mãe era muito inquieta quanto às igrejas a que se vinculava, isso acabou me fornecendo

CAPÍTULO06

alguma familiaridade com os mais diferentes ambientes evangélicos. Vi dinâmicas religiosas muito difíceis, mas também vi gente santa, os melhores exemplares do que significa ser pentecostal, metodista, batista, presbiteriano e assim por diante.

Esses exemplares sempre me fascinavam. Eles pareciam símbolos de resistência de um patrimônio de espiritualidade e práticas denominacionais de um passado distante que não se podia perder. Mesmo ante ondas e modismos que sempre assediaram essas igrejas, tais pessoas continuavam ali, leais a Cristo e ao que havia de melhor em suas denominações.

O presbítero Genésio continuava a ensinar, com lágrimas nos olhos, trechos da Confissão de Westminster nas classes catequéticas na Igreja Presbiteriana. A irmã Dolores continuava liderando o culto de oração na Metodista Wesleyana regularmente — e, isso, por décadas. O professor Carlos continuava fascinando os irmãos pela Bíblia com sua didática e profundidade teológica na escola dominical da Primeira Igreja Batista. Os irmãos da Comunidade Cristã perseveravam em vigílias de oração, belíssimos cânticos centrados em Jesus e na obra do Espírito Santo e intercediam com fervor pelos povos não alcançados. Portanto, é verdade que esse recorte não faz justiça a um lado sombrio que deve ser igualmente considerado.

Testemunhei o desarranjo que se lançou ao primeiro esforço por unidade evangélica, no final da década de 1990: o estilhaçamento da Aliança Evangélica Brasileira (AEVB), devido aos efeitos do descolamento da figura do reverendo Caio Fábio da organização. O esforço desse movimento foi muito importante na busca por unidade na diversidade evangélica e na afirmação de que igrejas de expressão neopentecostal se distanciavam,

IGORMIGUEL

em prática e ensino, de muito dos pilares historicamente conhecidos do que significava ser evangélico.

A AEVB fez importantes críticas ao fisiologismo político e às deformidades da Igreja Universal do Reino de Deus (IURD),[1] por exemplo. Até que, por fim, o projeto não deu certo, principalmente pela perda de apoio de pastores que tinham lá seus desafetos com a liderança da AEVB e nutriam simpatias com certas práticas neopentecostais. Um belo projeto de unidade sucumbiu. O que vimos depois foi uma explosão de invencionices, movimentos heterodoxos e as mais loucas peripécias praticadas "em nome de Jesus".

Esse cenário sombrio e confuso quase me levou pelo caminho do cinismo. Ainda assim, fui parar em um projeto restauracionista permeado por práticas primitivistas e neojudaizantes. Minha aventura sectária me custou, quase dez anos mais tarde, a necessidade de escrever, junto com alguns irmãos, uma retratação pública.[2] Mas, por causa de um reencontro com o evangelho, a partir de uma recuperação das vozes mais respeitáveis dentro da tradição evangélica e protestante, foi que percebi um frescor importante: um profundo senso de catolicidade. Isto é, de que minha lealdade confessional não precisava ser inimiga da unidade cristã. O sentimento anticonfessional era um tipo de reação típica daquilo que Dom Robinson Cavalcanti já preconizava, em 2010, como sendo um protestantismo neoanabatista.[3]

---

[1]Disponível em: <https://www1.folha.uol.com.br/folha/brasil/ult96u40415.shtml>. Acesso em: 8 de set. de 2021.

[2]Disponível em: <https://teologiabrasileira.com.br/carta-de-retratacao-sobre-os-neo-judaizantes/>. Acesso em: 8 de set. de 2021.

[3]Disponível em: <https://www.ultimato.com.br/revista/artigos/327/brasil-um-protestantismo-neoanabatista>. Acesso em: 8 de set. de 2021.

Não dá para ser romântico. O Espírito Santo anda soprando entre os cacos de nossas imperfeições. Há oportunismo, gente mercenária, sectarismos, distorções teológicas e abusos. Porém, é evidente que Cristo insiste em salvar, regenerar e ocupar essas dinâmicas denominacionais derramando graça sobre pastores e irmãos realmente consagrados por Jesus, no poder do Espírito Santo e pela Palavra de Deus. E eles estão por aí, crendo e vivendo Cristo em sua vida comum — muitas vezes, sob total anonimato.

CACOS DE UM MOSAICO

Fui chamado irresistivelmente por Cristo em 1996. No ano seguinte, estava no seminário. Aos 17 anos, ingênuo, mas sincero, vivia entre orações no monte, a Bíblia e os livros de teologia. Fui tomando consciência de que não bastava boa vontade, mas que minhas práticas e minha espiritualidade deveriam ser orientadas e reguladas pela verdade. Eu não admitia que a verdade tivesse algum tipo de ruído histórico, que fosse cativa de contingências ou quaisquer circunstâncias. A meu ver, a verdade estava aí para disciplinar exageros, inverdades e heresias — tanto as minhas quanto as dos outros.

A noção de uma verdade transcendente e estável estava correta. Entretanto, o que me escapava era sua administração divina ao longo da história da igreja. A verdade procede de Deus, foi revelada no cânon das Escrituras, tornou-se uma pessoa, encontrou em Cristo morada entre os homens e continua operando na igreja por meio do Espírito Santo. Foi bem isso que Jesus disse: "quando vier, porém, o Espírito da verdade, ele vos guiará a toda verdade" (Jo 16.13).

IGORMIGUEL

Surge a pergunta: qual igreja ou denominação seria a portadora dessa verdade? A Igreja Católica Apostólica Romana ou a protestante? Luteranos, anglicanos, pentecostais, carismáticos ou reformados?

Diante desse cenário, minha ingenuidade estava no fato de que eu não me dava conta de que Deus, em sua soberana graça, não depositara a totalidade da verdade cristã em uma única denominação. Minha alternativa não foi dar um salto para o relativismo, mas reconhecer que a verdade não era propriedade de minha denominação, tampouco de nenhuma outra, apesar de todas possuírem peças preciosas desse mosaico.

Se caminhamos em direção à "unidade da fé e do pleno conhecimento do Filho de Deus" (Ef 4.13), as divisões históricas da cristandade e a diversidade confessional devem, de alguma maneira, fazer parte desse processo. Tais divisões podem ser fruto de pecaminosidade, ora do lado de quem deixa, ora do lado de quem é deixado — ou ambos. De qualquer forma, o divino tapeceiro nos garantiu uma vindoura unidade da fé.

A providência sempre soube tirar excelente proveito, até mesmo de nossas injustificáveis escolhas pecaminosas. Que o diga a crucificação de Jesus. Os que crucificaram Cristo continuavam culpados pelo que fizeram, mesmo que seus atos malignos viabilizassem a salvação de incontáveis seres humanos. Portanto, Deus pode, perfeitamente, operar seus desígnios na igreja a despeito de seus repreensíveis erros e graciosos acertos.

Meu caminho a uma sensibilidade mais ecumênica entre cristãos, principalmente entre protestantes — uma vez que não concebo ecumenismo entre cristãos e não cristãos — teve origem, por incrível que pareça, de uma apreciação mais intencional da tradição reformada. Ironicamente, foi lá no calvinismo,

CAPÍTULO06

como apelidam, que encontrei o antídoto para o fantasma do sectarismo que assombra as fileiras dos que se identificam com as Formas de Unidade[4] da fé reformada. Foi uma afirmação de James K. A. Smith, em seu livro *Cartas a um jovem calvinista*, que chamou minha atenção para isso:

> Lutero e Calvino ainda se viam como "católicos". Enquanto lutavam contra os abusos do Catolicismo Romano, também se viam como herdeiros da fé católica, universal e ortodoxa. De fato, penso que atenderemos melhor a reforma se a virmos como um movimento de renovação agostiniana na igreja católica. Surpreendentemente, ser reformado é ser católico.[5]

Atentei-me à afirmação do Credo Apostólico: "Creio [...] na santa igreja católica". Cristãos não familiarizados com confissões de fé podem se surpreender com o fato de que esse é o mais antigo documento cristão do tipo fora a Bíblia. O Credo foi um maneira didática de os antigos cristãos terem garantias mínimas de que os convertidos entendiam os pilares básicos da fé cristã e que poderiam, assim, dar também razão pública do que confessavam. É importante lembrar que grande parte da igreja antiga não tinha acesso à Bíblia como temos hoje, sem contar que muitos sequer sabiam ler. Ter uma confissão memorizada era uma forma de dar publicidade, sem equívocos, ao que significa ser cristão.

---

[4]Formas de Unidade é como cristãos reformados identificam três documentos elaborados durante os séculos 16 e 17 e que lhes servem de referência básica. Esses documentos são a Confissão Belga (1561), o Catecismo de Heidelberg (1563) e os Cânones de Dort (1619).

[5]Brasília: Monergismo, 2017, p. 40.

IGORMIGUEL

Afirmar crer em uma igreja católica, no século 2, certamente não significava afirmar-se católico romano, mas, sim, que a igreja de Cristo era universal (significado do termo "católico") e abrangente e que transcendia lealdades nacionais, étnicas ou de qualquer outra natureza. Nesse sentido, nenhuma igreja ligada a uma província, um episcopado e, hoje, a uma tradição confessional ou denominacional pode arrogar para si a totalidade da catolicidade.

O teólogo reformado holandês Herman Bavinck produziu, em 1888, um importante artigo, intitulado "A catolicidade do cristianismo e a igreja".[6] Nele, Bavinck destaca uma tríplice característica da catolicidade da igreja cristã: (1) a universalidade, no sentido de que o cristianismo é universal e não está cativo a nenhuma particularidade nacional ou territorial; (2) a inclusividade, no sentido que o cristianismo acolhe todo tipo de pessoa, independentemente de sua origem étnica, classe social, econômica ou sexo; e (3) a abrangência, no sentido de que o cristianismo afeta a totalidade da existência do cristão.

O artigo basicamente trata desses três eixos, mas ao fim, Bavinck dedica uma atenção especial ao tema da unidade ante o sectarismo e da fragmentação denominacional protestante intensificada no século 19:

> O crescimento do sectarismo que acompanhou o movimento protestante é um fenômeno sombrio e negativo. Ele se manifestou já no início da Reforma, mas nunca se expandiu tanto como em nosso tempo. Igrejas novas após igrejas novas são fundadas

---

[6]*Calvin Theological Journal*, v. 27, 1992, p. 220–251.

CAPÍTULO06

[...]. O que é mais sério é que esse sectarismo leva à erosão e ao desaparecimento da consciência de igreja. Não há mais consciência da diferença entre igreja e uma associação voluntária.[7]

Apesar de reconhecer os problemas inerentes a essa fragmentação, Bavinck critica, com razão, o mito de que o romanismo detém a unidade da igreja. Ele usa um argumento conhecido: não há qualquer sentido de a ICAR evocar a catolicidade da igreja, uma vez que ela mesmo evoca a centralidade do papado e a superioridade do episcopado de Roma. Parece que há uma contradição de termos entre ser "católico" e "romano". Sendo assim, o caminho não seria recuperar a unidade da igreja pela exclusividade romana.

Seria ingenuidade ignorar que a ICAR não tenha lá suas divisões. É óbvio que tem! Entretanto, a única diferença é que tais divisões acontecem sob o teto de um governo centralizado e institucionalmente forte. Internamente, tal unidade não existe. Mesmo seu catecismo é objeto de múltiplas e divergentes interpretações.

Sem "passar pano" em eventuais equívocos, ênfases antibíblicas e erros doutrinários nas diversas denominações protestantes, Bavinck aponta para um princípio importante: a busca da superação do sectarismo pela via do reconhecimento de que há riquezas nas diversas denominações e movimentos protestantes:

Independente de quão dolorosa têm sido para a unidade da igreja e da doutrina as contínuas

---

[7]Idem, p. 250.

divisões, os efeitos do cristianismo não podem ser de todo desqualificados como negativos. Eles testificam certa vitalidade da fé cristã, seu poder nas pessoas, um poder que ainda move milhares. A riqueza multifacetada e plural da fé cristã tem, dessa forma, se tornado evidente.[8]

Para se evitar o sectarismo, o pluralismo denominacional poderia ser tratado pela antiga noção cristã de catolicidade. Cada igreja e denominação, apesar de suas lealdades e sensibilidades confessionais, teológicas e eclesiológicas, nunca deveriam perder o horizonte católico de sua fé. Isso significa se ver parte de uma comunidade maior e assumir uma postura modesta e de apreciação intencional das riquezas e das peças do mosaico da graça na diversidade denominacional e confessional.

A única e universal verdade cristã assume mais ou menos pura expressão nas várias confissões de fé. Não há um cristianismo universal [católico] no tempo presente que esteja acima das divisões confessionais, mas apenas nelas.[9]

MOSAICOS DE UM ÚNICO VITRAL

Não há saída: a igreja de Cristo está sob uma oração de Jesus para que seus discípulos sejam um (Jo 17.11,21-22). Será que essa oração será respondida em um futuro derradeiro, próximo à segunda vinda de Cristo, ou pode ser experimentada agora?

Tal unidade não pode ser criada artificialmente. Ela exigirá humildade e dependência do Espírito Santo, além de alto

---

[8]Idem.
[9]Idem, p. 248

CAPÍTULO06

compromisso com verdades inegociáveis. Não é uma "ortodoxia generosa" que viabilizará a unidade, pois ela não pode existir às custas da verdade.

Por outro lado, seria importante considerar que cristãos podem ter discordâncias sobre vários aspectos, mas que não haveria dificuldade em pentecostais, arminianos, luteranos, batistas e calvinistas, por exemplo, concordarem com um "mero cristianismo"[10] evangélico. O teólogo americano Kevin Vanhoozer e outros irmãos elaboraram, em decorrência da celebração dos 500 anos da reforma protestante, uma declaração doutrinária denominada "A Confissão de Fé dos Evangélicos Católicos".[11] O documento afirma a natureza trina de Deus; a autoridade e a inspiração divina das Escrituras; a dignidade do ser humano enquanto criatura feita à imagem de Deus; a queda em Adão; a centralidade da pessoa e obra de Jesus; a obra substitutiva de Cristo; a natureza do evangelho; a pessoa e a obra do Espírito Santo; a igreja como "una, santa, católica e apostólica" e a nova sociedade de Deus; batismo e ceia do Senhor como únicas ordenanças de Jesus; a vida santa como evidência da obra de Jesus e indispensável a qualquer pessoa salva; a esperança na segunda vinda e na vida eterna. Cada um desses temas já daria ótimas conferências entre evangélicos de várias denominações. Temos aí muito subsídio para tratarmos de maneira

---

[10]"Mero cristianismo" é uma referência ao que seria um cristianismo básico, proposto por C. S. Lewis em seu livro *Cristianismo puro e simples*.

[11]Vanhoozer mobilizou representantes, pastores e teólogos de diversas denominações e confissões protestantes para elaborar e subscrever uma confissão que representasse os pontos doutrinários comuns entre evangélicos. O documento traduzido para o português pode ser acessado em: <https://reformingcatholicconfession.com/portuguese>. Acesso em: 8 de set. de 2021.

interdenominacional os mais diversos assuntos relacionados a missiologia, cuidado pastoral, evangelização e a comunhão entre irmãos das mais diversas lealdades confessionais.

Um olhar mais aberto e um pouco de boa vontade nos permitiriam imaginar que encontros e cooperação seriam perfeitamente viáveis a partir desses princípios, possibilitando, inclusive, permutas de saberes teológicos nas especificidades e ênfases na confissão do outro. Por que não? Toda igreja cristã deveria estar tão disposta a receber quanto está disposta a dar de suas riquezas litúrgicas, doutrinárias e missiológicas.[12]

Sou pastor em uma igreja independente que se identifica confessionalmente com a tradição reformada. Apesar de nossa lealdade aos símbolos de fé, temos sido profundamente enriquecidos com o lecionário anglicano, com o fervor pentecostal, com a diligência metodista e com o zelo doutrinário presbiteriano. Mas isso, repito, exige um olhar generoso sobre a tradição do outro, isto é, senso de catolicidade.

UM VITRAL NO SANTUÁRIO

Um exercício simples que pode unir muitos cristãos é a oração. Se, por um lado, podemos permitir trocas teológicas entre diferentes igrejas, por outro, é possível desfrutar da intercessão mútua. Foi em uma oração que o próprio Jesus intercedeu ao Pai pela unidade de seus discípulos. Isso é bem sugestivo.

Podemos orar e partir o pão juntos em encontros intencionais de unidade e comunhão, em Jesus Cristo. Nada nos impede

---

[12]LEITHART, P. J. *The end of Protestantism: Pursuing unity in a fragmented Church*. Grand Rapids, Michigan: Brazos Press, 2016.

CAPÍTULO**06**

de nos comprometermos em buscar a unidade cristã em oração. Nossas feridas precisam ser curadas, nossas predileções e sensibilidades políticas devem ser contemporizadas e é imperativo enfatizarmos o que é central e indispensável para nossa unidade.

Nenhuma comunhão interdenominacional poderá ser real e duradoura com base em mero ativismo social ou missionário ou em encontros de adoração. A unidade cristã só será consistente quando ela se fundar não no que fazemos, mas no que Cristo fez, isto é, no evangelho. A oração cristã é um meio de graça que traz a verdade confessada, crida e proclamada para a realidade presente. Ela transforma nossos credos, confissões, catecismos e teologias em realidade, disposição e vontade. Uma oração autenticamente evangélica, isto é, iluminada e fundada na boa-nova de que Deus está em Cristo, reconciliando consigo mesmo todas as coisas (Cl 1.2), pode criar pontes e aproximar comunidades antes distantes, dando testemunho público de que Cristo continua vivo por meio de sua igreja.

Finalmente, a aspiração por autêntica unidade cristã, protestante e evangélica implicaria em oração e adoração sob a luz colorida da multiforme graça de Deus. Essa luz penetra pelos vitrais da diversidade do corpo de Cristo. Os raios policromáticos da transcendência de Deus exibem, em nossas contingências confessionais, o próprio Cristo. Por isso, é fundamental não se privar das matizes da verdade cristã presentes nas diversas comunidades de fé que professam o Deus trino. Esse deve ser nossa oração, inquietação e nosso empenho, até que sejamos um.

IGOR MIGUEL

Pastor na Igreja Esperança, em Belo Horizonte (MG); teólogo (CEFORTE/RJ), pedagogo (FAE/UEMG) e mestre em hebraico (FFLCH/USP); membro do conselho do Movimento Mosaico; diretor da OSC e-Missão, consultor educacional, membro da Associação Kuyper, professor voluntário da Escola L'Abri e do Instituto Bíblico Esperança. É coautor do livro *Somos (apenas) cristãos* (GodBooks, 2020) e autor do livro *A escola do Messias* (Thomas Nelson Brasil, 2021).

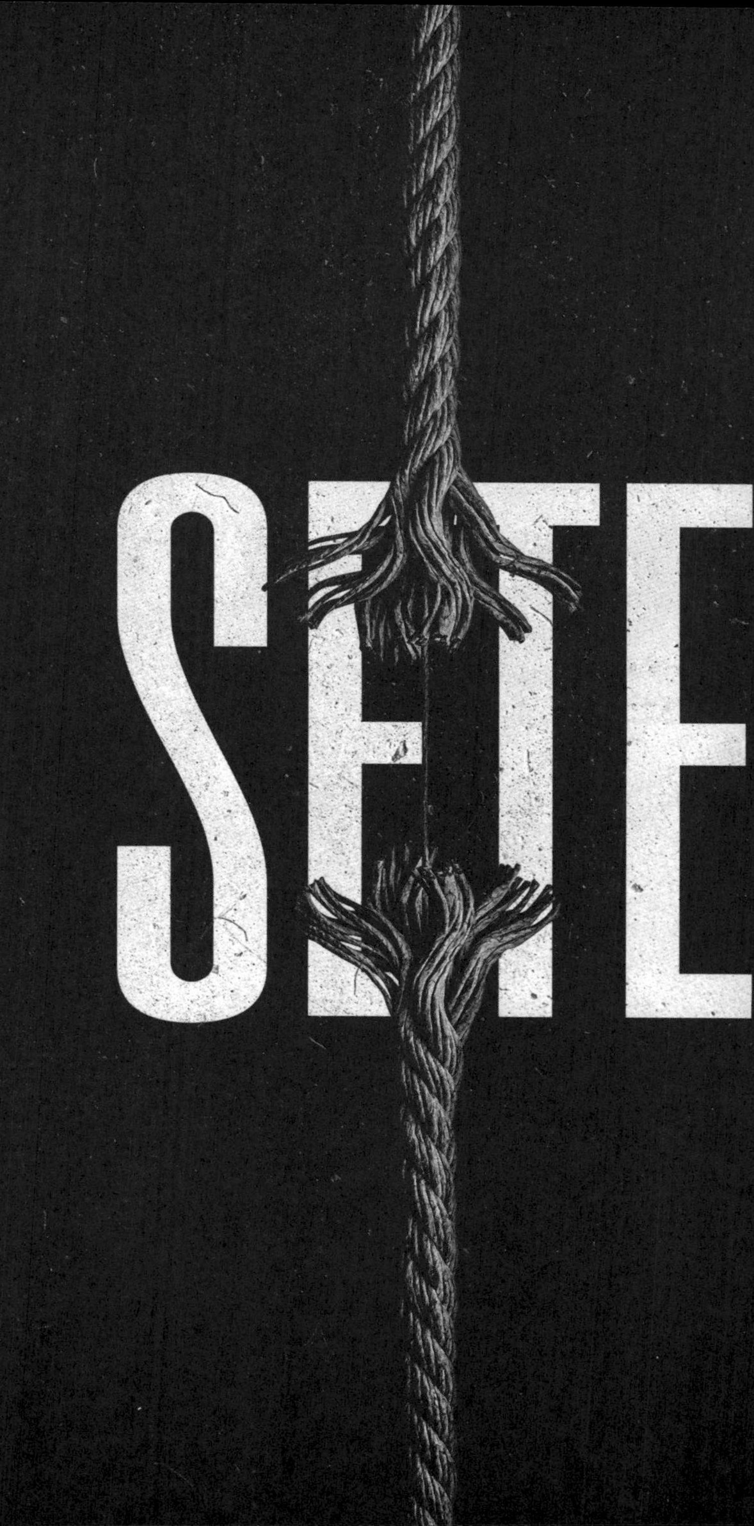
SETE

LUTANDO JUNTOS PELA FÉ EVANGÉLICA: O CAMINHO DA UNIDADE DAS INSTITUIÇÕES

JORGE HENRIQUE BARRO

A unidade da igreja sempre foi um dos maiores desafios para a igreja global de Cristo no mundo, e isso não é diferente em terras brasileiras. Jesus e o apóstolo Paulo já alertaram, no início da fé cristã, sobre indícios bíblicos desse desafio/dificuldade. O Senhor nos alertou: "Eu lhes tenho transmitido a glória que me tens dado, para que sejam um, como nós o somos; eu neles, e tu em mim, a fim de que *sejam aperfeiçoados na unidade*, para que o mundo conheça que tu me enviaste e os amaste, como também amaste a mim" (Jo 17.22-23). Paulo, por sua vez, disse:

> Vivei, acima de tudo, por modo digno do evangelho de Cristo, para que, ou indo ver-vos ou estando ausente,

JORGEHENRIQUE**BARRO**

> ouça, no tocante a vós outros, que estais firmes em
> um só espírito, como uma só alma, *lutando juntos
> pela fé evangélica*; e que em nada estais intimidados
> pelos adversários. Pois o que é para eles prova
> evidente de perdição é, para vós outros, de salvação,
> e isto da parte de Deus. Porque vos foi concedida
> a graça de padecerdes por Cristo e não somente
> de crerdes nele, pois tendes o mesmo combate que
> vistes em mim e, ainda agora, ouvis que é o meu"
>
> **FILIPENSES 1.27-30**

O não aperfeiçoamento na unidade, além de conspirar contra nós mesmos, conspira acima de tudo contra o próprio Deus, pois o propósito desse aperfeiçoamento, segundo Jesus, é: "*a fim de que* [finalidade] sejam aperfeiçoados na unidade, *para que* [finalidade] o mundo conheça que tu me enviaste e os amaste, como também amaste a mim". Em outras palavras, a unidade dos cristãos revela o amor de Deus ao mundo, por meio de Cristo e seus seguidores.

Essa oração de Cristo revela que, quando o mundo percebe o poder que nos une, tem condições de saber e crer que Deus enviou Cristo (ao mundo) como prova do seu amor ao Filho, aos seus discípulos e a toda a humanidade. Por isso, a fundamental importância de sermos *aperfeiçoados na unidade*.

Paulo também nos alertou, dizendo: "Rogo-vos, irmãos, pelo nome de nosso Senhor Jesus Cristo, que faleis todos a mesma coisa e que não haja entre vós divisões; antes, *sejais inteiramente unidos*, na mesma disposição mental e no mesmo parecer" (1Co 1.10). Assim como em Jesus, tal pedido do apóstolo vem com a força do *"rogo-vos"* (pelo nome de nosso Senhor Jesus Cristo),

CAPÍTULO**07**

como se fosse em forma de oração. É somente pelo "nome de nosso Senhor Jesus" que a unidade se torna possível. Sem ela, o que resta são as divisões, disposições mentais separatistas, vanglórias pessoais e pareceres em choques constantes.

O desafio exigido por Paulo também ecoa em sua carta aos romanos, que diz: "Ora, o Deus da paciência e da consolação vos conceda o *mesmo sentir* de uns para com os outros, segundo Cristo Jesus, para que *concordemente e a uma voz* glorifiqueis ao Deus e Pai de nosso Senhor Jesus Cristo" (Rm 15.5-6).

Muito me impressiona como é difícil lutar pela preservação da unidade. Parece-me que ela não acontece sem esforço de nossa parte. É necessário esse "*esforçando-vos diligentemente por preservar a unidade* do Espírito no vínculo da paz" (Ef 4.3). Isso porque "há somente um corpo e um Espírito, como também fostes chamados numa só esperança da vossa vocação; há um só Senhor, uma só fé, um só batismo; um só Deus e Pai de todos, o qual é sobre todos, age por meio de todos e está em todos" (Ef 4.3).

Os cinco clássicos dons espirituais, além de terem a finalidade de fazer com que cada pessoa desempenhe seu serviço, ou seja, sirva, também têm por finalidade fazer com que essas mesmas pessoas (os santos) cheguem à unidade da fé:

> E ele mesmo concedeu uns para apóstolos,
> outros para profetas, outros para evangelistas
> e outros para pastores e mestres, com vistas ao
> aperfeiçoamento dos santos para o desempenho do
> seu serviço, para a edificação do corpo de Cristo,
> *até que todos cheguemos à unidade da fé* e do
> pleno conhecimento do Filho de Deus, à perfeita
> varonilidade, à medida da estatura da plenitude de

Cristo, para que não mais sejamos como meninos, agitados de um lado para outro e levados ao redor por todo vento de doutrina, pela artimanha dos homens, pela astúcia com que induzem ao erro.

EFÉSIOS 4.11-14

Como temos desprezado esse propósito! Apóstolos, profetas, evangelistas, pastores e mestres possuem essa clara vocação-serviço de aperfeiçoar os santos para que eles desempenhem o seu serviço, sejam edificados no corpo de Cristo, com a finalidade ("até que") de que *todos cheguemos à unidade da fé*. Uma das mais enfáticas expressões do apóstolo Paulo sobre o tema da unidade é esta: "*lutando juntos* [unânimes] pela fé evangélica" (Fp 1.27).

Três elementos são cruciais nesse processo. Mas, antes de percebê-los, é necessário destacar onde essa luta é travada. A versão Revista e Atualizada da Bíblia usa a expressão "vivei, acima de tudo, por modo digno do evangelho de Cristo". *Vivei* tem sentido de conduta. Já a Nova Versão Internacional (NVI) trouxe um pouco mais de realidade, ao traduzir assim: "Não importa o que aconteça, exerçam a sua cidadania de maneira digna do evangelho de Cristo". Aqui surge uma palavra nova: *cidadania*. Julgo ter sido muito feliz a tradução da palavra *vivei* por *exerçam*. Também a inserção da palavra *cidadania*. O termo no grego para *cidadania* é *politeuesthe*, que, literalmente, significa "exercer a vida de um cidadão" ou "comportar-se como cidadão". Isso porque está relacionado a *polis* ("cidade", no grego), que é a arena do exercício dessa espiritualidade cidadã que dignifica o evangelho de Cristo!

Paulo escreve essa carta para a igreja em Filipos da sua prisão em Roma. Ele tenta conscientizar aquela igreja sobre a dupla cidadania. Todo cidadão de Filipos tinha uma dupla cidadania: a

CAPÍTULO**07**

macedônica e a romana. Fica nítido, na leitura dessa carta, que Paulo está usando essa metáfora para também chamar a atenção da igreja sobre outra dupla cidadania do cristão: aqueles que estão em Cristo pertencem à pátria celestial ("Pois a nossa pátria está nos céus, de onde também aguardamos o Salvador, o Senhor Jesus Cristo", Fp 3.20), mas isso não nos dá o direito de ignorar nem desprezar a pátria terrestre!

Os santos em Cristo são, ao mesmo tempo, *cidadãos dos céus* e *cidadãos da terra*. Enquanto estivermos neste mundo, precisamos viver de tal modo que não haja desprezo do exercício da nossa cidadania celeste em detrimento da cidade terrestre, como também não haja desprezo do exercício da nossa cidadania terrestre em detrimento da cidadania celeste.

É muito comum, no meio evangélico, esse desprezo que gera um dualismo entre o sagrado e secular! Muitos desprezam este mundo, inclusive citando versículos bíblicos fora do contexto para justificar o desprezo pela cidadania terrestre, uma vez que são cidadãos da "pátria que está nos céus". Aqui está a falácia nossa e do cristianismo! Jesus não orientou seus seguidores a fugir deste mundo; pelo contrário, os enviou para transformar o mundo, como sal e luz!

Foi justamente preocupado com essa possível cosmovisão dualista equivocada do testemunho cristão entre sagrado-secular que Paulo apela para igreja de Filipos, a fim de que mudasse essa postura. Paulo sabia que ser cidadão dos céus implica necessariamente ser cidadão da terra! Por isso, ele disse: "Não importa o que aconteça, *exerçam a sua cidadania* de maneira digna do evangelho de Cristo, para que assim, quer eu vá e os veja, quer apenas ouça a seu respeito em minha ausência, fique eu sabendo que vocês permanecem firmes num só espírito" (Fp 1.27).

Note que o exercício da nossa cidadania cristã tem um elemento norteador (fundamental), se comparado com os demais cidadãos. Qual? O *evangelho de Cristo*. Que impressionante! O que nos motiva a viver de modo digno no exercício da nossa cidadania não é a cidadania em si, mas sim o evangelho de Cristo!

Portanto, está claro que quem não exerce essa dupla cidadania (celeste-terrestre) é um escândalo para o evangelho de Cristo, uma vez que negligencia a ação cristã transformadora na sociedade e, com isso, a deixa abandonada, sem a perspectiva de oferecer a ela aquilo que somente o evangelho de Cristo proporciona: a *luz* que dissipa suas trevas e o *sal* que impede sua deterioração.

Desdenhar a sociedade terrena é o mesmo que ser um instrumento promotor da secularização. Esse é um dos resultados dessa cancerígena dicotomia entre sagrado e secular. Quanto mais o cristão se afasta de sua cidadania cristã, mais a sociedade busca soluções fora de Deus. Quem assim age jamais poderia reclamar "que o mundo inteiro jaz no Maligno" (1Jo 5.19), porque contribui para que isso aconteça e permaneça assim.

Paulo, em vez de querer ouvir escândalos provenientes de uma cosmovisão separatista entre sagrado e secular, que corrompe a missão, quer ouvir outra coisa: "para que, ou indo ver-vos ou estando ausente, ouça, no tocante a vós outros, que estais firmes em um só espírito, como uma só alma, lutando juntos pela fé evangélica" (Fp 1.27).

DESAFIOS PARA LUTARMOS JUNTOS PELA FÉ EVANGÉLICA

Ao analisar o cenário contemporâneo da igreja e da sociedade brasileira, percebo três grandes desafios para lutarmos juntos [unânimes] pela fé evangélica, conforme trato a seguir.

CAPÍTULO07

1. O desafio da atitude: "lutando"

Devemos compreender que unidade não se cria, se preserva. Cabe a nós preservar aquilo que Cristo criou! Paulo revela ser necessário esforço para se preservar o que já existe: "esforçando-vos diligentemente por preservar a unidade do Espírito no vínculo da paz" (Ef 4.3). Segundo o apóstolo, já existem:

1. um só corpo;
2. um só Espírito;
3. uma só esperança;
4. um só Senhor;
5. uma só fé;
6. um só batismo; e
7. um só Deus e Pai de todos.

O que já existe ninguém pode criar, pois já foi criado pelo amor e pela graça de Deus. O que não existe é a garantia de que nós, pessoal ou coletivamente, pessoas ou instituições, manteremos e preservaremos tudo isso de modo harmônico e honroso entre nós. Esse corpo, que se move pelo Espírito, anda em esperança fundamentada no seu Senhor, razão de sua fé, porque ele nos regenerou pelo seu batismo, na confiança de que Deus é Pai e age em todos, sem exceção.

Que fique claro: somos desafiados a lutar pela preservação e pela visibilidade da unidade! Deus é quem fez todas essas coisas, mas nós recebemos a responsabilidade de diligentemente fazer todo esforço possível para preservá-la. Diante disso, devemos nos perguntar: é o que temos feito?

2. O desafio do modo: "juntos"

Esse esforço pela preservação da unidade de todos os cristãos é pessoal e, ao mesmo tempo, coletivo. O não esforço pessoal conspira contra o todo, que é a soma das partes pessoais. O esforço de cada parte (pessoal-individual) gera o "esforçando-vos diligentemente" (social/institucional-coletivo). Sem essa consciência, sempre vai imperar em nosso o meio o "cada um por si e Deus por todos", que jamais deveria ser o lema dos cristãos. Nosso lema tem de ser: "todos juntos porque Deus é Pai de *todos*, é sobre *todos*, age por meio de *todos* e está em *todos*". Cristianismo é comunidade de todos!

Que fique claro: igreja é comum-união, é comunidade. O individualismo é um inimigo da igreja. Os indivíduos (que não perdem suas pessoalidades) foram reconciliados "em um só corpo com Deus, por intermédio da cruz, destruindo por ela a inimizade" (Ef 2.16). Cada pessoa deve ser a estação final da inimizade.

É certo que a inimizade existe, mas, ao chegar perto de você, ela tem de acabar. Paulo pagou o preço pela unidade, sendo um exemplo aos colossenses quando pediu que eles se regozijassem "nos meus sofrimentos por vós; e preencho o que resta das aflições de Cristo, na minha carne, *a favor do seu corpo, que é a igreja*" (Cl 1.22). Lutamos juntos-unânimes a favor do corpo, nunca contra. Diante disso, devemos nos perguntar: é o que temos feito?

3. O desafio da causa: "pela fé evangélica"

Vimos que a atitude precisa ser a de luta (esforço) e que o modo de ação deve ser permanecer juntos (unânimes). E isso porque temos uma causa comum: a fé evangélica!

Essa causa exige sacrifício e, por vezes, o preço pode ser alto, como disse o apóstolo: "Por esta causa eu, Paulo, sou o prisioneiro de Cristo Jesus" (Ef 3.1). Para ele, o custo foi a perda de sua liberdade, do direito de ir e vir. E essa causa não será mantida sem oração:

> *Por esta causa, me ponho de joelhos diante do Pai,*
> *de quem toma o nome toda família, tanto no céu*
> *como sobre a terra, para que, segundo a riqueza*
> *da sua glória, vos conceda que sejais fortalecidos*
> *com poder, mediante o seu Espírito no homem*
> *interior; e, assim, habite Cristo no vosso coração,*
> *pela fé, estando vós arraigados e alicerçados em*
> *amor, a fim de poderdes compreender, com todos*
> *os santos, qual é a largura, e o comprimento, e*
> *a altura, e a profundidade e conhecer o amor de*
> *Cristo, que excede todo entendimento, para que*
> *sejais tomados de toda a plenitude de Deus*

EFÉSIOS 3.14-19

Note que Jesus não definiu *fé*. Ele por várias vezes fez comentários sobre:

1. o tamanho da fé (falta de fé: Mc 4.40; Lc 8.5; pequena fé: Mt 6.30; 8.26; grande fé: Mt 8.10; Lc 7.9);
2. ter visto a fé das pessoas (Mt 9.2; Mc 2.5; Lc 5.20);
3. as coisas acontecerem segundo a fé das pessoas (Mt 8.13);
4. a fé salvar (Mc 5.34; 10.52; 7.50; 8.48).

Porém, se por um lado vemos Jesus comentar sobre a presença-ausência da fé e suas consequências, por outro não o encontramos definindo o que seria fé. Assim, devemos voltar a Paulo para buscar pistas do que ele quis dizer com "fé evangélica".

Talvez uma pista indicada por Paulo, no próprio contexto de sua Carta aos Filipenses, seja o próprio testemunho sobre como ele veio a conhecer e experimentar essa "fé evangélica". Paulo relata:

Mas o que, para mim, era lucro, isto considerei perda por causa de Cristo. Sim, deveras considero tudo como perda, por causa da sublimidade do conhecimento de Cristo Jesus, meu Senhor; por amor do qual perdi todas as coisas e as considero como refugo, para ganhar a Cristo e ser achado nele, não tendo justiça própria, que procede de lei, senão a que é mediante a *fé em Cristo*, a justiça que procede de Deus, baseada na fé

FILIPENSES 3.8-9

Está claro que a "fé evangélica" é a "fé em Cristo", fruto de uma sequência maravilhosa: o conhecimento de Cristo o leva a confrontar seus conhecimentos e valores para ganhar a Cristo e assim ser achado em Cristo! Nada disso é fruto de justiça própria, mas sim a "justiça que procede de Deus", sendo baseada na fé em Cristo.

Desse modo, parece-me termos aqui base suficiente para entender que Paulo está encorajando seus irmãos e irmãs da igreja em Filipos a *lutar juntos* por Cristo e seu evangelho. Cristo é a boa notícia de Deus ao mundo. E é aqui que entra nossa dupla cidadania: como conhecemos-ganhamos-achamos Cristo — não por nossos méritos (justiça própria), mas por graça de Deus (justiça que procede de Deus) —, tornamo-nos cidadãos da Nova Jerusalém para que vivamos no aqui-e-agora, entre o já-e-ainda-não, de modo digno desse, e não outro, evangelho de Cristo!

O teólogo escocês William Barclay disse:

O que é o que Paulo espera deles? Espera que se *mantenham firmes*. O mundo está cheio de cristãos em retirada, cristãos que, quando começam as

CAPÍTULO**07**

dificuldades, ocultam seu cristianismo ou, ao menos, silenciam-no. O verdadeiro cristão permanece firme e sem envergonhar-se em qualquer situação. Espera a *unidade*; os cristãos têm que estar unidos num mesmo espírito como irmãos. Que o mundo se inimize e viva em luta, discussões e diferenças; os cristãos devem ser um. Espera certa *invencibilidade*. Jamais devem claudicar na luta da fé. Frequentemente o mal parece não conhecer a derrota; com frequência parece impossível que o cristão se purifique do mal e lute contra o pecado do mundo. Jamais o cristão deve abandonar a esperança ou claudicar na batalha. O cristão deve continuar sua luta por Cristo sem jamais desanimar. Espera uma *coragem fria e tranquila*. Em tempo de crise, outros podem tremer, amedrontar-se e deixar-se levar pelos nervos. Em semelhantes circunstâncias o cristão se mantém sereno, dono de si mesmo e da situação.[1]

Que outra causa nobre tem um cristão além da causa do evangelho? Essa causa não deveria fazer com que estivésse-mos "firmes em um só espírito, como uma só alma, lutando jun-tos pela fé evangélica"? Essa causa não deveria gerar as pautas e os temas do exercício da nossa cidadania terrestre?

Sim, é essa causa que determina, ilumina, modela e orien-ta todas as demais causas. O evangelho de Cristo determi-na o *modus vivendi* e o *modus operandi* do *pistis euaggelion* (a fé evangélica).

---

[1]*The Letters to the Philippians, Colossians, and Thessalonians*. Louisvil-le: WJK, 2003, p. 34.

É preciso aqui, infelizmente, alertar que a "fé dos evangélicos" não é necessariamente o mesmo que a "fé evangélica", porque nem tudo o que os "evangélicos" fazem é consoante com o evangelho de Cristo. Essa discrepância não deveria existir, mas, infelizmente, existe, forçando-nos a pensar sobre como lutamos juntos pela fé evangélica.

COMO AS INSTITUIÇÕES PODEM PRESERVAR A UNIDADE DA IGREJA NO BRASIL

1. Lute contra o espírito de superioridade e enfatize que somos membros de um só corpo

É comum ouvirmos afirmações como a que diz que "a nossa teologia, a nossa forma de governo, a nossa liturgia, a nossa ênfase na santidade, a nossa paixão pelos perdidos, o nosso arcabouço educacional, entre outros, são os melhores e mais bíblicos". Paulo assim exorta os membros da igreja de Filipos: "completai a minha alegria" (Fp 2.2) por viverem em unidade. Ele os admoesta:

- penseis a mesma coisa (v. 2);
- tenhais o mesmo amor (v. 2);
- sejais unidos de alma (v. 2);
- tendo o mesmo sentimento (v. 2);
- nada façais por partidarismo ou vanglória, mas por humildade, considerando cada um os outros superiores a si mesmo (v. 3);
- não tenha cada um em vista o que é propriamente seu, senão também cada qual o que é dos outros (v. 4).

CAPÍTULO **07**

Se essa exortação serviu para a igreja de Filipos, como não serviria para as nossas igrejas e instituições de hoje? Eugene Peterson, na sua paráfrase *A Mensagem*, assim apresentou esse mesmo texto:

> Se estar numa comunidade do Espírito significa algo para vocês; se vocês têm um coração; se vocês se importam uns com os outros — façam-me um favor: concordem um com o outro, amem um ao outro, sejam amigos de verdade. Não joguem sujo; não bajulem ninguém só para conseguir o que desejam. Ponham o interesse próprio de lado e ajudem os outros em sua jornada. Não fiquem obcecados em tirar vantagem. Esqueçam-se de vocês o suficiente para estender a mão e ajudar.

O espírito de superioridade institucional pode conduzir e incentivar as pessoas ao segregacionismo, que necessariamente acontece via partidarismo e vanglória — condenados por Paulo, porque, em vez de considerar os outros superiores a nós mesmos, nos leva a nos considerarmos superiores aos outros.

2. Lute contra a mentalidade de gueto e enfatize a cooperação e a parceria

O espírito de superioridade institucional não apenas conspira contra a unidade, mas leva ao isolamento em relação às demais igrejas e instituições. "Nós nos bastamos, não precisamos de nenhuma instituição para cumprir a missão de Deus", reflete a mentalidade de gueto.

É bem verdade que existem "aproveitadores" e pessoas que "tiram vantagem" dos outros. Ouvi muitas vezes de líderes que não mais iriam trabalhar em cooperação e parceria com outras igrejas e instituições porque várias delas queriam ganhar algo e tirar proveito disso. O espírito competitivo é o que leva ao desejo de tirar vantagens. Mas o reino de Deus é um reino de cooperadores e jamais competidores!

Muito me impressiona o último capítulo de Romanos. Depois de ter feito uma exposição teológica profunda, Paulo termina com *pessoas* e *relacionamentos*. Teologia sem relacionamento não passa de *doutrinismo* e *apologeticismo* divisionistas. Paulo resolve honrar as pessoas, afirmando que elas são "cooperadoras" (Rm 16.3,9) e "trabalhadoras" (Rm 16.6,12).

A palavra para "cooperadores" no grego é *sunergos*, de onde vem *sinergia*. Não existe sinergia de um só. Para que haja sinergia é necessário no mínimo dois ou mais, para que haja uma ação/esforço de um movimento ou realização. O oposto de sinergia é *antagonismo*.

A mentalidade de gueto institucional (separatismo antagônico) provoca a noção e atitude de *apartheid*, que literalmente significa *vidas separadas*. A missão de Deus exige de nós o rompimento com esse *apartheid* institucional, a fim de que possamos, em unidade, ser cooperadores nos trabalhos do reino.

3. Lute contra o que nos divide e concentre-se no que nos une

Todas as instituições possuem diferenças entre si. Não é necessário fingirmos que não temos diferenças e que elas não são importantes. Afinal, cada instituição tem fundadores que sonharam sua existência, que possuem raízes/fundamentos a partir dos quais se desenvolveram, fortaleceram e cresceram. Não há nada de errado em honrar e valorizar essa história e tradição.

Contudo, outras instituições que não participam dessa história também possuem suas próprias raízes e histórias. Nenhuma instituição estará disposta a abrir mão dessas heranças em nome da unidade. A boa notícia é que isso não é necessário! O foco da unidade não deve estar nos elementos peculiares e particulares de cada uma, mas, sim, nos elementos que ambas categoricamente confessam. Qual é o sentido, para a unidade, pedir, por exemplo, a um pentecostal que deixe de crer na contemporaneidade dos dons enquanto o outro crê no cessacionismo?

Um dos clássicos exemplos ao longo da história, que se mantém intacto até hoje, é o Credo Apostólico. Ele é um exemplo claro do que significa se concentrar naquilo que nos une e não no que nos divide.

4. Lute contra o desejo de desistir e mantenha-se resiliente contra os sabotadores da unidade

Existe um preço a se pagar pela unidade. Como enfatizado anteriormente, nenhuma instituição ou pessoa cria unidade, isso é obra de Deus, em Jesus Cristo, no poder do Espírito. A questão é que, para manter o que já existe, é necessário um esforço intencional. Se não fosse, por qual motivo Paulo teria afirmado: "Rogo-vos, pois, eu, o prisioneiro no Senhor, que andeis de modo digno da vocação a que fostes chamados, com toda a humildade e mansidão, com longanimidade, suportando-vos uns aos outros em amor, *esforçando-vos diligentemente por preservar a unidade* do Espírito no vínculo da paz" (Ef 4.1-3)?

Paulo relaciona a preservação da unidade do Espírito a uma atitude crucial: *esforço!* Se por um lado não se cria a unidade, por outro lado é nossa responsabilidade cultivá-la e preservá-la. O Espírito de Deus não fará o que nos compete fazer.

Os negacionistas dirão que isso é impossível e, por isso, desistem. Outros reconhecerão que existe um preço a ser pago e vão lutar para fazer o que Deus quer e os capacitou para fazer. Trata-se, portanto, de uma atitude que demanda escolhas e resiliência.

5. Lute contra a hipocrisia que empurra os pecados para debaixo do tapete e concentre-se na ética e na justiça do reino de Deus

A luta pela unidade não é sinônimo do "jeitinho brasileiro" para que as coisas não afetem as instituições. As instituições refletem quem somos, logo, o nosso pecado atinge também as nossas estruturas institucionais. Esconder tais pecados estruturais, como se eles não existissem, é certamente desonrar a Deus e seus valores.

Não estou falando necessariamente de tornar público aquilo que deve ser tratado de forma privada. Contudo, existem pecados públicos que precisam ser tratados na esfera pública, porque nossas instituições são públicas e atuam na esfera pública. Esconder, não reconhecer ou dar de ombros a pecados públicos — como pedofilia, corrupção financeira, racismo, iniquidades e injustiças — é o caminho do descrédito e da maldição institucional. Este é o teste contra a hipocrisia institucional: "Quem subirá ao monte do Senhor? Quem há de permanecer no seu santo lugar? O que é limpo de mãos e puro de coração, que não entrega a sua alma à falsidade, nem jura dolosamente. Este obterá do Senhor a bênção e a justiça do Deus da sua salvação" (Sl 24.3-5).

Muitas instituições tentam subir, mas permanecer é outra coisa! E o único meio para combater as nossas hipocrisias é o *arrependimento*.

CAPÍTULO07

6. Lute contra o espírito maligno que nos divide e desune e concentre-se no Deus que fez um só corpo

É impressionante a quantidade de vezes que o apóstolo Paulo precisou exortar as igrejas sobre unidade. No início de sua primeira carta à igreja em Corinto, por exemplo, ele é incisivo: "Rogo-vos, irmãos, pelo nome de nosso Senhor Jesus Cristo, que faleis todos a *mesma* coisa e que *não haja entre vós divisões*; antes, sejais *inteiramente unidos*, na *mesma* disposição mental e no *mesmo* parecer" (1Co 1.10).

Simples assim: se o projeto de Deus é que o corpo de Cristo viva em unidade para "que não haja entre vós divisões", qual é, em contrapartida, o projeto do maligno? A resposta é óbvia: Segmentar. Guetificar. Separar. Dividir, para conquistar.

Responda: qual é a igreja de Cristo em sua cidade? A sua? Aquela que está do outro lado da mesma rua? Aquela que é da mesma denominação que a sua? Aquela que tem a mesma doutrina que a sua? Aquela que tem um estilo de culto ou liturgia igual à sua? Aquela que prega o evangelho nos mesmos moldes que a sua? Afinal, qual é a igreja de Cristo em sua cidade?

Você já percebeu como Paulo se referiu às igrejas as quais endereçou *todas* suas cartas? Sua ênfase está na expressão "que está em". Existe apenas uma igreja em sua cidade, sendo essa "a igreja de Deus que está em". Observe:

- "A todos os amados de Deus, que estais em Roma" (Rm 1.7);
- "à igreja de Deus que está em Corinto e a todos os santos em toda a Acaia" (1Co 1.2);
- "e todos os irmãos meus companheiros, às igrejas da Galácia" (Gl 1.2);

- "aos santos que vivem em Éfeso, e fiéis em Cristo Jesus" (Ef 1.1);
- "a todos os santos em Cristo Jesus, inclusive bispos e diáconos que vivem em Filipos" (Fp 1.1);
- "aos santos e fiéis irmãos em Cristo que se encontram em Colossos" (Cl 1.2);
- "à igreja dos tessalonicenses em Deus Pai e no Senhor Jesus Cristo, graça e paz a vós outros" (1Ts 1.1);
- "à igreja dos tessalonicenses, em Deus, nosso Pai, e no Senhor Jesus Cristo" (2Ts 1.1).

O divisionismo *no* e *do* corpo de Cristo não tem parte com Deus. Portanto, a viabilidade da unidade entre os discípulos de Jesus implica luta pessoal e coletiva: "no tocante a vós outros, que estais firmes em um só espírito, como uma só alma, *lutando juntos pela fé evangélica*; e que em nada estais intimidados pelos adversários" (Fp 1.27-28).

É devastador ver "fogo amigo" nas igrejas e instituições evangélicas. Já não basta o inimigo de nossas almas agindo contra a unidade da igreja? É um escândalo ao mundo quando os de fora veem que, em vez de sermos e agirmos como um só corpo, agimos como adversários. Contra esse opróbrio, devemos sempre ter em mente:

Porque ele é a nossa paz, o qual de ambos fez um; e, tendo derribado a parede da separação que estava no meio, a inimizade, aboliu, na sua carne, a lei dos mandamentos na forma de ordenanças, para que dos dois criasse, em si mesmo, um novo homem, fazendo a

CAPÍTULO07

paz, e reconciliasse ambos em um só corpo com Deus, por intermédio da cruz, destruindo por ela a inimizade.

EFÉSIOS 2.14-16

Lutemos juntos pela fé evangélica! Faça sua parte, para que, de parte em parte, "seguindo a verdade em amor, cresçamos em tudo naquele que é a cabeça, Cristo, de quem *todo o corpo*, bem ajustado e consolidado pelo auxílio de toda junta, segundo a justa cooperação de cada parte, efetua o seu próprio aumento para a edificação de si mesmo em amor" (Ef 4.15-16).

JORGE HENRIQUE BARRO

Pastor presbiteriano, doutor em Teologia e cofundador, professor e diretor da Faculdade Teológica Sul Americana (FTSA).

COMO SUPERAR OS IMPEDIMENTOS PARA A UNIDADE DA IGREJA

OLGÁLVARO BASTOS JÚNIOR

O apóstolo Paulo escreveu à igreja em Éfeso referindo-se à maneira digna de se viver, com o conhecimento da nova identidade em Cristo, e a como essa realidade pode nos levar a uma vida de unidade com toda a família da fé. Ele também mencionou a vocação que recebemos da parte de Deus, que não diz respeito às nossas escolhas ou preferências, mas é desígnio do Criador para nossa vida:

> Como prisioneiro no Senhor, rogo-lhes que vivam de maneira digna da vocação que receberam. Sejam completamente humildes e dóceis, e sejam pacientes, suportando uns aos outros com amor. *Façam todo o esforço para conservar a unidade do Espírito* pelo vínculo da paz. Há um só corpo e um só Espírito, assim como a esperança para a qual vocês foram chamados

é uma só; há um só Senhor, uma só fé, um só batismo, um só Deus e Pai de todos, que é sobre todos, por meio de todos e em todos. E a cada um de nós foi concedida a graça, conforme a medida repartida por Cristo.

EFÉSIOS 4.1-7

É interessante perceber que, para tratar do tema da unidade do corpo de Cristo, o apóstolo revela características necessárias para vivenciarmos aquilo que, de fato, já somos nele: "sejam completamente humildes, dóceis, pacientes e suportem uns aos outros em amor" — características que estão presentes em nossa vida a partir da obra maravilhosa do Espírito Santo.

De posse dessas características, precisamos nos esforçar pela unidade que já nos foi dada pela presença do Espírito Santo. Reforço, aqui, portanto, a necessidade de uma ação intencional para a preservação daquilo que já recebemos da parte de Deus. É isso que nos faz superar todo impedimento, ou seja, a unidade é uma realidade. É obra de Deus. É uma ação que faz de nós filhos e filhas do Altíssimo. É a revelação de que somos o corpo de Cristo, a família de Deus, não pela vontade do homem, mas daquele que nos tirou das trevas para o seu reino de luz.

Se entendemos a obra de Cristo na cruz do Calvário, não devemos ter tanta dificuldade para reconhecer a obra dele na vida dos nossos irmãos, bem como para compreender que somos uma só família. Apesar das diferentes expressões e diversas culturas, somos seu povo, sua igreja e família.

Mesmo sendo este um tema óbvio, infelizmente, quando o assunto é unidade da igreja, temos ainda muitos desafios a serem superados por causa da insensatez e da presunção humanas, uma vez que a unidade dos seguidores de Cristo não é uma escolha, mas fato consumado. É a presença do Espírito Santo em nossa vida que mostra quem somos, e isso não é obra nossa, mas de Deus em nós.

A unidade é a expressão de nossa identidade como discípulos de Cristo. Somos a comunidade do Espírito Santo, portanto, todos aqueles que têm o Espírito são de Cristo. Isso vai muito além da expressão "ser igreja", referindo-se ao conjunto de igrejas ou movimentos denominacionais, mas, sim, a ser a igreja mística de Cristo de todos os tempos, gerações, povos e culturas.

Nesse texto aos efésios, Paulo esclarece alguns pontos que, se não vivenciados, podem nos impedir de usufruirmos plenamente a unidade da igreja nos nossos dias. Ele cita algumas características que desejo ressaltar.

VOCAÇÃO

O apóstolo começa dizendo que é necessário viver de acordo com a nossa vocação. Portanto, um dos impedimentos para a unidade do corpo de Cristo é não conhecermos a nossa própria vocação e o fato de que há diferentes vocações. Ao fazê-lo, desrespeitamos a forma de ser e fazer de nossos irmãos.

Quando olhamos para o corpo de Cristo e fazemos uma analogia com o corpo humano, por meio de seus membros e funções, entendemos que, apesar das muitas diferenças, todos estão interligados e se completam — assim como nós precisamos uns dos outros. Por mais que isso possa parecer óbvio, ainda é justamente a falta dessa compreensão que faz com que a igreja não viva a unidade em sua plenitude, porque ela está sempre em busca dos iguais. Essa busca, infelizmente, a impede de compreender a necessidade da diversidade.

Reconhecer apenas aqueles que pensam como pensamos e que têm práticas como as nossas é de um reducionismo danoso e nada tem a ver com a beleza e a riqueza do corpo do nosso Senhor Jesus Cristo: "Ora, assim como o corpo é uma unidade, embora tenha muitos membros, e todos os membros, mesmo sendo muitos, formam um só corpo, assim também com respeito a Cristo" (1Co 12.12).

Para aqueles que têm uma família grande, a compreensão de ser família de Deus e de unidade é bem mais simples e fácil. Isso porque, na família, há pessoas com diferentes estilos, formas e práticas. Podemos gostar delas ou não, mas, mesmo em meio a tantas diferenças, não há dúvidas de que somos família e de que temos o mesmo sangue — e isso não é fruto de uma escolha, mas de uma condição anterior à nossa própria existência.

Todos fomos chamados por Cristo para sermos expressão de seu amor e bondade, revelando, assim, a sua salvação na cruz do Calvário. Cada um, como seres únicos, tem particularidades que revelarão nuances do nosso Senhor. Por isso, ele nos chamou de diferentes formas para revelarmos, também de diferentes formas, a mensagem da salvação.

Esse é um grande desafio para nós e é o mesmo desafio que os primeiros discípulos enfrentaram. A oposição à unidade da igreja — um problema enfrentado já nas igrejas e comunidades dos dias apostólicos — é um tema tratado em diversos textos do Novo Testamento. Isso ocorria porque, até mesmo dentro do corpo apostólico, havia maneiras diferentes de exercer o ministério e perceber a vida. Por várias vezes, vemos discípulos em conflitos, tentando defender a maneira certa de se viver segundo Cristo... à sua maneira.

É preciso termos consciência de que a unidade sempre será um desafio para nós, e nem por isso deixaremos de nos esforçar para mantê-la em nossa vida, nossa geração e nosso ministério. Trata-se de um esforço a ser empreendido até o fim.

Essa não é uma situação que ocorre apenas nos nossos dias, ou nesta ou naquela geração, mas é uma oposição espiritual do mal que vem operando desde o primeiro século. É uma realidade da qual precisamos ter consciência: nossa natureza caída, mesmo depois de um encontro íntimo e maravilhoso com o autor da vida, nunca vai cooperar com a vocação sem que ela seja dominada pelo Espírito Santo.

É preciso, também, considerar que o inimigo das nossas almas sabe que a unidade é algo importantíssimo e, portanto, ele trabalha dia e noite para fazer oposição a essa realidade na vida de todos nós. Ele tem plena consciência de que a unidade é a maneira de expressar o amor de Deus em Cristo Jesus, para que o mundo creia nele e se salve. Então, a falta de compreensão a respeito de que há uma vocação distinta para cada um de nós, e que a tal diversidade é a maneira de revelar a identidade de Deus, é um dos empecilhos a ser superados.

HUMILDADE

O apóstolo Paulo aponta a humildade como uma característica essencial para uma vida de unidade, pois a falta dela também é um grande empecilho para a unidade do Corpo de Cristo: "Sejam completamente humildes".

Com toda certeza, o orgulho que nos afasta dos irmãos deriva da nossa estúpida e tola presunção, da vaidade de que somos a resposta plena para toda a humanidade. Mas, com um pouquinho de bom senso e ouvidos atentos de quem ouve o Espírito Santo, sabemos que não é assim. A ordenança de Cristo para nós, seus discípulos, é a grande comissão relatada no Evangelho de Mateus, onde o próprio Cristo diz que devemos fazer outros discípulos em todas as nações (Mt 28.18-20).

Quando olhamos para a grandiosidade dessa ordem do Senhor, abrimos lugar para o quebrantamento, em humildade. Se formos realmente movidos pelo Espírito Santo, saberemos que, por mais bem-dotados, bem-intencionados, possuidores de dons e talentos e preparados para a obra do Senhor, ninguém e nenhuma denominação será capaz de cumprir, sozinha, essa ordem. Ou seja, a Grande Comissão é algo que só pode ser realizada por todo o corpo de Cristo — em unidade. Entretanto, precisamos estar conscientes sobre a necessidade de diversificar as formas de expressão de amor à humanidade.

Quando o apóstolo Paulo diz que precisamos fazer de tudo para com todos, para que, de alguma maneira, possamos alcançar alguns (1Co 9.22), ele lembra-nos do tamanho do desafio da evangelização mundial. Uma vez mais, essa ordem deixa claro que precisamos da diversidade do corpo de Cristo, pois a nossa maneira de ver e fazer não é suficiente para ganhar todas as pessoas para o nosso Senhor. Então, por isso, são necessárias as diversas expressões do "ser" igreja em todas as gerações.

Estou certo de que ninguém cheio do Espírito Santo, temente a Deus e que ama a igreja do Senhor Jesus Cristo é capaz de afirmar que a única maneira de ser igreja e viver igreja é a forma como ele vive. Todos nós, discípulos de Cristo, que queremos ver a obra dele ser completa em nossos dias, precisamos de toda a igreja, até mesmo daqueles que não compreendemos e, por vezes, até nos constrangem.

CAPÍTULO**08**

Na primeira década do século 21, vivemos um grande mover de Deus para trabalhar a unidade e a plantação de novas igrejas, por meio do movimento conhecido como *Tribal Generation*. Lembro-me de como buscamos expressões distintas da igreja brasileira e encontramos uma riqueza e uma beleza como nenhuma outra nação. Nós buscamos em outros países as expressões de igrejas locais e ministérios. Trabalhamos em todos os continentes, mas o Brasil mostrou-se, surpreendentemente, rico na expressão da igreja de Cristo.

Muitas pessoas podem olhar para essa riqueza e ver apenas uma grande bagunça de algo ainda sem forma. No entanto, em nossa caminhada, o que encontramos foram homens e mulheres que amam Jesus e que estavam, sinceramente, desejosos de trabalhar em sua seara. Sem dúvida, encontramos em meio a tudo isso elementos que precisavam ser removidos, mas, na maioria das vezes, o que vimos foram pessoas e movimentos levantados por Deus para encontrar e alcançar pessoas de todos os tipos de culturas.

Essa busca nos mostrou que um dos grandes entraves à unidade do corpo de Cristo é a arrogância. É a presunção de imaginar que a única resposta para a humanidade esteja em nós mesmos. Precisamos reconhecer todo o corpo de Cristo. Somente assim poderemos cumprir a ordem que Jesus nos deu de fazermos discípulos de todas as nações. Sejamos humildes!

DOCILIDADE

Paulo segue nos ensinando: "Sejam completamente [...] dóceis". O contrário de dócil é bravio, iracundo, aquele que não se quebranta, que não é maleável. A pessoa que não apresenta docilidade torna-se mais um entrave à unidade de todos os cristãos. Por muitas vezes, até mesmo por excesso de zelo, rejeitamos a unidade, na tentativa de proteger a fé das misturas próprias dos nossos dias. Estamos sempre dizendo que "ali está Cristo" e "ali não está Cristo".

O espírito dócil faz parte da vida de um verdadeiro discípulo de Cristo. Está presente naquele que pode repreender e ser reprendido, exortar e ser exortado, porque está sempre com as palavras bem temperadas, compreendendo a própria limitação. Por mais que desejemos neutralidade na compreensão das Escrituras, sem dúvida sempre a interpretaremos a partir da nossa condição, do nosso ponto de vista cultural e experimental. Sabedores disso, para preservarmos a unidade, não podemos ser rápidos em julgar, mas prontos para ouvir e pensar o bem, e não o mal.

Segundo os dicionários, o dócil é aquele que aprende com facilidade. Assim, a orientação de Paulo é para que estejamos sempre prontos a aprender. É que sejamos pessoas ensináveis, que compartilham com outros também ensináveis. E, assim, sucessivamente, poderemos ensinar a outros — conforme ele escreve a Timóteo, seu filho na fé.

Lembro-me de certa ocasião em que compareci a uma grande conferência para pastores e líderes. Um dos palestrantes ministrou com muito vigor e determinação uma mensagem que me deixou bastante desconfortável, pois eu não compreendia bem a fundamentação bíblica das suas afirmações. Eu não tinha dúvida de que aquele irmão estava compromissado com Cristo e o reino, mas sentia que era bem questionável a sua mensagem.

Felizmente, ao meu lado estava Russell Shedd, um homem especial, admirado grandemente por todos que o conheciam.

CAPÍTULO08

Observei-o prestar atenção à ministração daquele pregador. Ao fim da palestra, não me contive e perguntei o que ele tinha achado. De maneira gentil, prontamente me deu uma resposta da qual nunca me esqueci: "É... o irmão falou umas coisas que preciso estudar melhor a Bíblia para compreender o que ele estava dizendo". Estou certo de que, assim como eu, o dr. Shedd não ficou confortável com algumas afirmações daquele pregador, mas, de maneira dócil, deixou transparecer que estava priorizando o coração daquele homem, por trás daquelas palavras.

Apesar de ser uma sumidade na questão bíblica, o dr. Shedd não teceu nenhum tipo de comentário que pudesse constranger o palestrante, que sabia se tratar de um verdadeiro irmão. Ele preferiu dar o crédito, em vez de desqualificá-lo de imediato. Afinal, se havia alguém que poderia corrigir o irmão naquele instante era o dr. Shedd. No entanto, ele entendeu que não era hora nem lugar para levantar um debate que nada acrescentaria naquele momento. Pude aprender, ali, um pouco mais sobre o coração dócil e ensinável.

Se Russell Shedd deu esse exemplo, por outro lado, muitos líderes dos nossos dias expõem a fragilidade de outros irmãos nas redes sociais sem nenhum tipo de cuidado ou docilidade, promovendo, assim, um clima belicoso e hostil. E, no final, quem ganha é Satanás no seu intento de sabotar a unidade. Ser dócil pressupõe saber tratar nossas diferenças no lugar e tempo certos.

Claro que não defendo deixar de confrontar heresias. Mas, com certeza, precisamos ter um espírito dócil para saber lidar com nossos tempos com maturidade. Isso porque alguns temas podem representar apenas uma questão de ponto de vista, e não heresias.

PACIÊNCIA

Pessoas sem paciência tendem a entrar muito rapidamente em discórdias e dissensões, outro entrave para a unidade da igreja nos nossos dias. O indivíduo paciente tem como características a bondade e a perseverança, e sabemos que isso é resultado da ação do Espírito Santo em nossa vida. A paciência é característica de pessoas maduras, aquelas que não desistem facilmente e que compreendem os processos naturais e sobrenaturais na vida de todos nós.

O desafio da jovem igreja evangélica brasileira é que ela se encontra na sua puberdade. Digo isso ao compará-la com os dias da Reforma e ainda com as redes, denominações e movimentos pós-denominações trazidos pelos missionários. Uma das características marcantes de um adolescente é a falta de paciência, o imediatismo. Muitos líderes olham para a nossa igreja e têm a expectativa de que ela seja madura. Ao ver que ela ainda não é, eles se decepcionam rapidamente com ações de imaturidade, porque passam a comparar constantemente a igreja de nosso país com outras nações e povos.

Tive a oportunidade de ser missionário na Escócia em 1994. Minha família e eu servimos uma igreja batista na cidade de Edimburgo. Lá, vimos e convivemos em uma igreja que foi extremamente relevante na sua história, mas que, naquele momento, se encontrava em situação de decadência. O vigor e o brilho do passado já não figuravam mais, inclusive na vida da maioria das congregações daquela cidade.

Éramos parte do movimento chamado *Ide às Nações*, formado por igrejas brasileiras que trabalhavam em unidade para enviar missionários ao continente europeu. O nosso intuito foi o de ajudar na restauração das igrejas dos nossos pais espirituais,

CAPÍTULO08

que tanto abençoaram a nossa nação no passado e que se encontravam, ali, em grandes dificuldades. Vivíamos um caminho inverso daquilo que vimos em Atos, que afirmava o movimento de Jerusalém até os confins da terra. Agora, nossa geração representava o movimento inverso: dos confins da terra de volta a Jerusalém.

Nosso papel era o de ajudar as igrejas a cumprir seu chamado e vocação. Mas entendemos que isso só seria possível se realizado em unidade. Nosso trabalho era trazer pastores e líderes das diversas igrejas e denominações juntos, principalmente, a partir de Inglaterra e Escócia e, de lá, para o Oriente Médio. Encontramos, ali, uma igreja pequena, envelhecida e com poucas expectativas a respeito do seu futuro. Porém, também encontramos homens e mulheres dedicados a Cristo, além de desejosos de ver uma transformação em suas nações.

A situação em que se encontrava a maioria das congregações naquela cidade trazia naturalmente quebrantamento aos seus líderes. Eles tinham consciência de que precisavam uns dos outros para seguirem na missão de revelar o amor de Deus às pessoas. Ali estava uma igreja madura, consciente das suas limitações, dos seus erros e acertos do passado e que, agora, reconhecia que precisava profundamente de unidade.

Aquelas congregações, uma vez isoladas e sozinhas, não seriam capazes de prosseguir. As suas limitações foram suficientes para levá-las a superar discórdias e diferenças que no passado não permitiram nem que se sentassem juntos e as fizeram desprezar as demais expressões.

A igreja na Escócia, que havia revolucionado as missões modernas, enviando missionários para o mundo todo, agora estava fraca e decadente. Seus prédios magníficos, que, no passado, congregavam milhares e milhares de pessoas, se tornaram lojas de carpetes, boates e templos de outras religiões. Uma situação muito triste.

Lembro-me de uma reunião em que algumas igrejas, com suas lideranças, buscavam saber o que fariam com seus prédios e seu patrimônio, pois não havia mais quem desse prosseguimento àquelas obras. As congregações haviam envelhecido sem uma nova geração para continuar a evangelização. Muito me marcou ver a pessoa mais jovem naquela reunião, uma líder de oração com 70 anos de idade. Era uma situação extremamente difícil.

Essa realidade trouxe, como sobrevivência para a igreja, a necessidade de unidade. Nenhuma das congregações poderia sobreviver se não se unisse às demais. Nossa vontade era dizer àqueles irmãos e irmãs que eles já haviam completado a carreira e, por isso, deveriam voltar para casa e desfrutar do tempo que ainda tivessem. Mas, na verdade, o que eles queriam era ver a sua cidade transformada.

Não tenho dúvidas de que aquelas igrejas de denominações distintas e diferentes linhas doutrinárias só chegaram àquela situação porque, lá atrás, cada uma delas pensou que não precisaria das demais. Assim, sem se dar conta, se distanciaram umas das outras e, aos poucos, foram morrendo sozinhas. Diferente de nós, no Brasil, que somos uma igreja jovem, cheia de vigor, sonhos e projetos para o futuro.

Quando olhamos para a igreja brasileira, vemos a beleza e o vigor dos nossos dias e, com olhar de paciência, percebemos traços de uma igreja adolescente que vive o seu momento adolescente. Por isso, precisamos de homens e mulheres maduros, pacientes, que saibam lidar com a imaturidade própria

CAPÍTULO**08**

dos nossos dias, sem desanimar ou enquadrar as pessoas, rotulando-as sem conhecer o coração delas. Precisamos amadurecer para não repetirmos os erros dos nossos pais. Nenhuma igreja, congregação, ministério ou denominação é resposta sozinha para a obra de Deus. Precisamos ser mais pacientes com a família da fé, para não sermos tão apressados em julgar nossos irmãos.

Nunca devemos esquecer que a igreja tem dono e que o Senhor da igreja terminará a obra que ele mesmo começou. Devemos nos lembrar que não somos nós que removemos o joio do meio do trigo e que a obra de cada um será provada no fogo (Cl 1.10-14).

Portanto, um dos empecilhos da unidade são líderes impacientes. Seja, pois, uma pessoa de espírito longânimo, para que não terminemos como a igreja de nossos pais espirituais na Europa. Queremos, sim, amadurecer e, para isso, precisamos de líderes maduros que sejam referência da unidade para os mais jovens. Assim, deixaremos as coisas de meninos e nos tornaremos, no tempo certo, adultos.

SUPORTE EM AMOR

Paulo prossegue em sua exposição e menciona a importância de suportarmos nossos irmãos, lembrando que outro entrave para a unidade é a falta de suporte e apoio para vida e ministério. Quando não compreendemos que devemos ser ajudadores uns dos outros, temos aí uma barreira para a unidade.

Talvez essa expressão seja de difícil compreensão porque, muitas vezes, ao ouvirmos ou lermos o texto, pensamos em *suportar* de maneira negativa, como que *aguentar* o outro. Na verdade, quando o texto fala em ser *suporte*, é no sentido de ser apoio à vida e ao trabalho dos demais irmãos.

Uma das maneiras de conservar o nosso coração em Deus é não sermos tomados por egoísmo, vaidade e soberba, servindo outros irmãos. Precisamos nos envolver em alguma obra que nos ofereça a oportunidade de sermos apenas servos e apoio a eles. Um líder maduro vê o privilégio que é servir outros ministérios, onde ele não é a figura central, mantendo-se com o coração humilde e consciente de que sempre precisará dos outros. Essa atitude contribui para manter o nosso coração em Deus, entendendo que não podemos estar envolvidos apenas naquilo que trará resultados imediatos a nós. Para manter a nossa sanidade espiritual, é necessário praticar ações que nos lembrem, na prática, da importância do outro na nossa vida.

Desde a minha conversão, aprendi com os meus pastores e líderes a grandeza e a riqueza do corpo de Cristo. Nunca tivemos ensinamentos em nossas igrejas que fossem presunçosos a ponto de desprezar as demais. Sempre aprendi que a família da fé é muito maior do que a congregação ou o movimento de igrejas em que eu estava inserido. E que mesmo aqueles irmãos muito diferentes de nós, com práticas muito distintas das nossas, eram, também, a nossa família.

Na ocasião da primeira Igreja Sal da Terra, em Uberlândia (MG), um fato muito marcante e importante aconteceu. O conselho de pastores da cidade foi quem instalou oficialmente a nossa igreja, ou seja, nascemos com um testemunho de unidade. Desde o início da nossa vida como congregação, temos o reconhecimento e a bênção das dezenas diferentes igrejas ligadas ao Conselho de Pastores da cidade — um suporte, em amor, com testemunho público. Creio que, por isso, não temos

CAPÍTULO**08**

nenhuma dificuldade de entender a necessidade de servirmos uns aos outros e estamos envolvidos em movimentos de unidade em todos os locais onde Deus nos leva a trabalhar.

Os missionários enviados para servir as igrejas da Escócia foram sustentados pela igreja no Brasil, como forma de retribuir o investimento que as gerações anteriores fizeram pela nossa nação no passado, quando enviaram missionários para nos evangelizar. Nosso objetivo primordial era o de dar suporte àquelas igrejas, para que elas — batistas, metodistas, presbiterianas, igrejas livres e comunidades — pudessem cumprir seu chamado em Deus.

Não havia, inicialmente, um plano de plantar igrejas Sal da Terra naquelas nações. Nosso esforço e entrega foi para, de fato, dar suporte às igrejas que já atuavam lá. Para nós, servir e dar suporte a outros ministérios é um testemunho de quem nós somos. Por isso, não tem a ver com o que ganhamos, mas, sim, com o que revelamos. Afinal, a unidade revela nossa identidade.

Infelizmente, um dos entraves que enfrentamos é que o coração e a mente de muitos líderes foram contaminados pelo pensamento de que as igrejas irmãs que Deus levantou, assim como as nossas, são concorrentes ministeriais, e não parte do mesmo corpo. Esse é um pensamento maligno, que precisa ser exorcizado de nossas mentes e corações, a fim de que possamos cumprir a grande comissão. Então, suportemos uns aos outros em amor!

É necessário engajamento de forma intencional e prioritária nas nossas agendas para a obra que Deus tem levantado fora das nossas fronteiras de trabalho. Ou seja, é preciso encontrar oportunidade de investir tempo, recursos e esforço na vida de outros ministérios. Isso nos manterá sóbrios e relevantes como testemunho para as próximas gerações.

De forma prática, escolha, então, uma obra que não seja da sua igreja local ou denominação. Avance para servir outros ministérios e congregações. Envolva-se nos conselhos e nas associações de pastores na sua cidade, filie-se a movimentos e organizações de unidade. Faça parte da Aliança Cristã Evangélica Brasileira, por exemplo, que tem como objetivo trabalhar a unidade em toda nossa nação.

A unidade da igreja é uma realidade, porque ela vem de Deus. O nosso papel é nos esforçar para revelar essa condição em nossa geração. Precisamos sair da intenção e do desejo e partir para a ação e o engajamento.

Jesus nos ensinou que os pacificadores serão chamados de filhos de Deus. Então, em dias tão conturbados como os nossos, com tantas vozes contraditórias e com tanta hostilidade pública entre irmãos, que nós sejamos os pacificadores do nosso tempo, a expressão verdadeira de um filho de Deus — e que, no que depender de nós, tenhamos paz com todos os homens.

Afinal, há um só corpo, um só Espírito, uma só esperança, um só Senhor, uma só fé, um só batismo e um Deus que é Pai de todos e que é sobre todos e age por meio de todos. Esforça-te para conservar a unidade do Espírito!

OLGÁLVARO BASTOS JÚNIOR

Pastor-conselheiro e diretor de comunicação do Ministério Sal da Terra, palestrante e promotor de encontros com líderes, conferências nacionais e internacionais. Presidente da Aliança Cristã Evangélica Brasileira. Escritor em SalEditora. Pastor coordenador da Igreja Sal da Terra em São Paulo e Uberlândia.

NOVE

A UNIDADE POR MEIO DA HOSPITALIDADE

VANESSA BELMONTE

Em um contexto de polarizações, opiniões exacerbadas e individualismo crescente, parece difícil falarmos de unidade. Por isso mesmo, é tão oportuno e necessário tratarmos desse tema, pois a unidade na igreja também tem sido influenciada pela alienação e desconexão entre as pessoas. O tema é complexo e pode ser abordado por vários ângulos, mas eu gostaria de começar pensando em unidade como uma característica da relação que ocorre entre as pessoas, marcada por harmonia e união, em vez de separação e exclusão.

Muitos fatores interferem no modo como os relacionamentos são construídos e sustentados ao longo do tempo. A unidade se manifesta como uma característica visível de aspectos não tão visíveis assim.

Um primeiro ponto necessário para tratar desse tema é a análise do contexto no qual estamos inseridos. O modo como nossa cultura tem se desenvolvido, os valores que são ensinados, os ritmos de vida que estão nos moldando a partir do que é considerado o ideal de felicidade e sucesso têm nos levado para uma relação cada vez maior de desunião uns com os outros.

O historiador e filósofo holandês Roel Kuiper apresenta uma crítica cultural nessa direção, mostrando como temos desenvolvido práticas cotidianas vazias de sentido, preocupando-nos cada vez mais com nossos projetos individuais e cada vez menos com os outros e o bem comum. As transformações sociais experimentadas nos últimos anos contribuíram para o que ele chama de uma *sociedade do desprendimento*, onde não há uma relação de confiança e cuidado mútuo.

Claro que a raiz desse problema está na rebelião causada pela queda da humanidade. Dentre os efeitos do pecado estão a separação e a inimizade com Deus e uns com os outros. O pecado nos afetou completamente, distorcendo nossa percepção de nós mesmos, do relacionamento vital com o Criador e do pertencimento de uns aos outros.

Considere, então, pessoas imersas nesse contexto e que frequentam uma igreja local. Seu *modus operandi*, isto é, seu jeito de se relacionar com as pessoas é moldado por esse desprendimento e é caracterizado por essa separação. A conversão implica aprender uma nova maneira de viver, em todos os sentidos, mas também em relação ao outro que está sentado ao seu lado e o chama de irmão. A unidade não será algo experimentado imediatamente ou que não exigirá intencionalidade de cada pessoa para ser desenvolvido ao longo de um processo de formação espiritual.

Portanto, é importante refletir acerca da unidade da igreja como algo desenvolvido por meio da hospitalidade. Vamos analisar o que é a hospitalidade e como o Senhor nos chama a vivê-la no contexto de nossos relacionamentos, especialmente dentro da igreja, mas com desdobramentos para todas as relações.

HOSPITALIDADE X HOSTILIDADE

O Deus revelado nas Escrituras e na vida de Jesus Cristo é hospitaleiro. Ele é um Deus pessoal que se relaciona em amor — Pai, Filho e Espírito Santo. Esse Deus relacional decide, então, criar seres semelhantes a ele, feitos à sua imagem, que também têm a capacidade de se relacionar uns com os outros e com ele; de acolher uns aos outros e ser acolhidos por ele.

Há um universo imenso de sentido por trás da hospitalidade. Ela é viva e vivida (bem ou mal) todos os dias. Também está presente e se manifesta em todos os nossos relacionamentos, desde o nosso anseio mais profundo por sermos vistos e aceitos até a forma como estabelecemos nossos vínculos sociais: famílias, grupos de amigos, comunidades de fé e trabalho.

Deus nos acolhe para a relação com ele por meio da igreja e, do mesmo modo que somos acolhidos, ele nos pede para acolhermos uns aos outros. A igreja, então, é algo que pertence ao Senhor e que ele está construindo ao longo do tempo e da história; algo que vai muito além da minha comunidade local e a inclui.

Precisamos ser igreja tendo a hospitalidade como um elemento importante, que nos ajudará a nos relacionarmos com outras comunidades de fé ao longo da história e uns com os outros no tempo presente. Perceba que eu disse *ser* igreja, e isso é muito mais profundo que frequentar uma igreja ou participar de uma comunidade local. Envolve identidade e pertencimento como resultados de uma aliança entre todos os envolvidos.

Desse modo, o fundamento da nossa unidade é que há um Deus que nos une e nos faz pertencer a um mesmo corpo, uma mesma família e uma mesma igreja. Então, por um lado, recebemos uma unidade invisível da qual participamos, por graça, por meio da aliança com Deus. E, por outro lado, precisamos aprender a manifestá-la de modo visível, por meio de nossos relacionamentos reais com aqueles que estão unidos conosco nessa mesma aliança.

O teólogo luterano Dietrich Bonhoeffer afirma que fomos unidos para a eternidade em Jesus Cristo e, por isso, nossa comunhão e nossa união não podem estar baseadas no que a outra pessoa é em si — em sua espiritualidade e piedade. Nós nos encontramos com o outro somente por intermédio da mediação de Cristo e, por isso, agora é possível que haja união entre nós. Afinal, Cristo nos reconciliou com Deus em um só corpo, por meio de sua morte na cruz, eliminando a inimizade que havia entre nós (Ef 2.16). Em outras palavras, Cristo lidou com a separação que havia entre nós, como consequência do pecado. O sacrifício de Jesus Cristo abriu o caminho para que Deus se fizesse presente para buscar aqueles que estavam perdidos e os levasse para seu reino. Assim, os cristãos representam aqueles que foram graciosamente alcançados por esse Deus, tiveram seus pecados perdoados e suas feridas saradas, e foram aceitos — apesar de não terem nada para oferecer em troca, conforme ilustrado na parábola da grande ceia (Lc 14.15-24).

Por isso, os cristãos são intimados a serem imitadores do caráter de Deus e, da mesma forma que foram tratados com misericórdia, devem tratar o outro com misericórdia, de forma

CAPÍTULO09

generosa e graciosa. Por essa razão, Paulo insiste que os cristãos devem "acolher uns aos outros, como também Cristo nos acolheu para a glória de Deus" (Rm 15.7). O Senhor nos acolhe e nos dá uma tarefa: acolher o outro. Christine Pohl, professora emérita de Ética no Asbury Theological Seminary (EUA), considera que:

> A hospitalidade sacrificial e graciosa de Jesus — expressa em sua vida, em seu ministério e em sua morte — desenvolve a hospitalidade de seus seguidores. Jesus deu a sua vida para que as pessoas pudessem ser acolhidas no reino e, ao fazer isso, uniu hospitalidade, graça e sacrifício da forma mais profunda e pessoal imaginável.[1]

Contudo, a prática da hospitalidade não é natural e automática. O natural é seu oposto: a hostilidade — que ainda permeia o modo como estamos acostumados a viver e habita em nosso coração. Nós ansiamos por respeito, identidade e significado; ansiamos por ser acolhidos e pertencer. Porém, mesmo na igreja, podemos experimentar solidão e desconexão, frustração e decepção nas relações, desarmonia e separação. Às vezes, nos comportamos como irmãos sentados à mesa na hora do jantar, todos adotados, mas ainda carentes de se sentirem amados pelo Pai, brigando entre si e estranhando uns aos outros, diante dos olhos atentos de estranhos que concluem que não há unidade entre nós.

---

[1] *Making Room: Recovering Hospitality as a Christian Tradition*. Cambridge: Eerdmans, 1999, p. 29.

Para o teólogo holandês Henri Nouwen, temos a tarefa de acolher, mas oscilamos entre a hospitalidade e a hostilidade. Essa hostilidade se manifesta em diferentes níveis, incluindo uma palavra agressiva, uma postura de indiferença, o desinteresse pelo outro e o desrespeito pela opinião diferente, crescendo até níveis maiores de violência e agressividade.

A hostilidade não atinge apenas estranhos, pessoas de rua ou com comportamento esquisito. Em um mundo caracterizado pela competição e o individualismo, até mesmo aqueles que estão bem perto — como família, igreja e colegas de classe e de trabalho — podem agir com hostilidade entre si. Além disso, a hostilidade também prevalece no mundo virtual e nas trocas de mensagens nas redes sociais. O outro é um estranho que não tenho interesse de conhecer, nem paciência de ouvir.

Portanto, precisamos enxergar e entender nossa própria hostilidade, responsável por tanta desunião entre nós. Uma hostilidade que se tornou a regra de prática da sociedade atual e que permeia nossas relações. Precisamos ouvir o alerta de Paulo em Gálatas 5.13-15, pois não encontraremos unidade enquanto continuarmos "mordendo e devorando uns aos outros". E, a partir da unidade que o Senhor nos concede por graça, da qual já participamos em Jesus Cristo, precisamos enxergar e entender que podemos nos mover em direção contrária, rumo à hospitalidade.

JÁ E AINDA NÃO

Jesus ora por nossa unidade, e suas palavras, em João 17.20-24, nos confrontam e encorajam. A realidade descrita por Jesus em sua oração, que nós *sejamos um* e que experimentemos *unidade*

CAPÍTULO**09**

perfeita, não é um teste de qualidade da igreja ou um termômetro do nível de unidade encontrada. É uma oração que manifesta uma verdade já concretizada e disponível para nós: fomos inseridos nessa relação de amor que somente o Pai e o Filho experimentavam. Vimos a glória de Jesus e nos tornamos um com ele. Também é uma oração que continua até a consumação dos tempos, para dar vários frutos visíveis, a fim de que *todo o mundo saiba* e *para que todo o mundo creia*.

Jesus continua fazendo essa oração. E ele é ouvido pelo Pai. O Pai tem seus tempos e épocas e, um dia, a unidade dos seus filhos se realizará de forma plena. Hoje ainda não está completa, mas temos esperança de que vai se completar de maneira perfeita.

O que Jesus está pedindo é que a relação, a comunhão de Jesus com o Pai, seja nossa também e, quando tivermos comunhão com eles, nós teremos comunhão uns com os outros. Os dois lados da unidade, invisível e visível, se encontram nessa realidade que já está disponível para nós, mas que precisamos ter olhos para ver e disposição para viver na prática de nossos relacionamentos reais.

Paulo usa a linguagem da adoção para nos ensinar que o Espírito Santo reproduz em nós, subjetivamente, a relação que há entre eles — Pai, Filho e Espírito Santo (Gl 4). Como consequência, nos tornamos livres, não mais escravos da hostilidade, mas filhos que agora são capazes de amar, herdeiros que são responsáveis por cuidar do que pertence ao Pai e manifestar isso em nossas relações.

Só quem é livre de fato pode amar e servir em amor. Para amar, precisamos ser libertos de nós mesmos e de nossos pecados, de nossa hostilidade e da inimizade que permeiam nossas

VANESSA**BELMONTE**

relações. Esse é o processo de formação espiritual com o qual precisamos estar engajados para, em liberdade, sermos capazes de agir com hospitalidade e viver em unidade uns com os outros. Ainda que, agora, não experimentemos de maneira perfeita essa unidade, ela já está em ação e já é real.

Em Romanos 15.2-7, Paulo argumenta que, como resultado dessa liberdade, podemos viver em harmonia e unidade, cuidando uns dos outros. A conclusão do apóstolo é que a prática da hospitalidade, manifestada no acolher uns aos outros, se torna possível porque o Senhor nos concede a paciência e o ânimo necessários, nos capacitando a viver em harmonia e unidade uns com os outros.

UM CAMINHO PARA A UNIDADE

Portanto, é no desafio diário de vivermos a unidade entre nós, como igreja, que o Senhor cria um espaço para sermos transformados. A igreja é a oficina onde somos aprendizes que estão sendo treinados para incorporar um novo modo de viver. É o lugar de errar, tentar de novo, aprender com outras pessoas, pedir perdão e perdoar, arrepender-se e experimentar na prática. Não é o lugar onde todos já vivem de forma perfeita a unidade, mas é o espaço privilegiado onde temos todos os recursos necessários para aprender a vivê-la de verdade.

A unidade, então, é pouco a pouco fortalecida e percebida em nossas relações. A partir do exercício diário de enxergar o outro e ouvi-lo de verdade, acolhê-lo em suas circunstâncias sem julgamento, cuidar do outro em suas necessidades, caminhar junto mesmo discordando e tendo pontos de vista diferentes, servir ao outro, aprender a conversar em vez de discutir,

CAPÍTULO09

chorar e se alegrar junto, submeter-se ao outro e não buscar os próprios interesses.

Assim, a unidade da igreja pode ser desenvolvida pela prática da hospitalidade. A ênfase está em receber o outro em um espaço amigável, onde ele possa revelar-se, manifestar seus dons e tornar-se um amigo. Para Nouwen, a essência da espiritualidade cristã está em receber o outro em nosso mundo sem impor nosso ponto de vista, ideologia ou jeito de fazer as coisas, como uma condição para oferecer amor, amizade e cuidado. Está em simplesmente acolher como fomos acolhidos e amar como fomos amados.

Paulo instrui os cristãos a praticar ou perseguir a hospitalidade (Rm 12.13). O escritor de Hebreus lembra os cristãos para não negligenciarem a hospitalidade (Hb 13.2). E Pedro desafia a comunidade a oferecer hospitalidade sem murmuração (1Pe 4.9). Por quê? Porque a hospitalidade não é opcional e é para todos. Ela não é limitada àqueles especialmente dotados para isso ou que fazem parte do ministério de recepção da igreja.

Desse modo, a hospitalidade precisa se tornar nosso novo *modus operandi*, por meio do qual Deus nos prova e desafia, diariamente, a viver o evangelho no contexto real de nossas relações, começando por aqueles que chamamos de irmãos e irmãs. Ao nos apropriarmos dessa realidade e nos esforçarmos para vivê-la na prática, contribuiremos para que haja unidade visível entre nós.

Isso não significa que sua prática não tenha limitações e desafios. Mas, em vez de abandonarmos a unidade por ser algo tão difícil, vamos nos revestir de paciência e perseverança para orarmos a oração de Jesus em João 17 junto com ele. Crendo que ele está totalmente engajado em fazer dela uma realidade visível. Crendo que ele deseja que a experimentemos e saibamos quanto somos amados. Tendo a esperança de que um dia ela vai se manifestar de forma perfeita e, com isso, todos vamos nos regozijar.

VANESSA BELMONTE

Professora do Ensino Superior (graduação e pós-graduação); graduada em Administração (UEM) e Mestre em Educação Tecnológica (CEFET-MG). Coordenadora de cursos à distância da Associação Brasileira de Cristãos na Ciência (ABC²), obreira do L'Abri Brasil e membro da Igreja Esperança, em Belo Horizonte (MG). Desenvolve pesquisas, palestras e cursos na área de Hospitalidade e Vida Cristã. Autora do livro *O lugar da espera na vida cristã* (Thomas Nelson Brasil).

PARA QUE O MUNDO CREIA

WILLIAM DOUGLAS

Há alguns anos dormimos bem e, quando acordamos, o noticiário nos mostra cenas que hoje forçam os cristãos a uma profunda reflexão. Começando com os conflitos da Primavera Árabe, no Oriente Médio, não muito tempo depois, no Ocidente, vimos estourar conflitos e movimentos com tons de revolta, protestos, passeatas, ocupações e muita confusão num mundo que, embora apenas aparentemente, estava em relativa tranquilidade e "bem encaminhado".

Como a igreja não existe à parte da sociedade, apesar das diferenças em termos de opinião, crenças e liturgias, havia nela aparência de normalidade. De repente, a igreja se viu invadida pelos temas, pelas pautas e pelas discussões que dominavam as ruas no Brasil. Existem congregações que ignoram as questões do nosso tempo, tornando-se pouco relevantes e deixando de atuar como sal e luz, ao passo que noutras comunidades de fé o que vemos é um desvirtuamento para clubes ou virtuais arremedos de sindicatos ou partidos políticos.

Esses dois cenários — sociedade e igreja brasileiras — nos põem diante de um dilema, uma questão complexa que não podemos postergar. A igreja não pode ignorar as questões *que causam* as tensões sociais e as *que resultam* delas. Mais do que isso, quando analisamos a chamada "oração sacerdotal" de Jesus, somos confrontados por um desejo expresso do Senhor e lamentamos o fato de nos distanciarmos tanto e tão rapidamente deste seu desejo:

> Pai santo, protege-os em teu nome, o nome que me deste, para que sejam um, assim como somos um. [...] Não rogo que os tires do mundo, mas que os protejas do Maligno. Eles não são do mundo, como eu também não sou. Santifica-os na verdade; a tua palavra é a verdade. [...] Rogo também por aqueles que crerão em mim, por meio da mensagem deles, *para que todos sejam um*, Pai, como tu estás em mim e eu em ti. Que eles também estejam em nós, *para que o mundo creia que tu me enviaste.*
>
> **JOÃO 17.11-21**

A igreja precisa anunciar Cristo, fazer as obras que Jesus manda e estar antenada e atuante nas questões políticas e sociais que tenham relação com os deveres cristãos ou, quando menos, para garantir aos cristãos o exercício dos direitos políticos, cívicos e sociais que amparam todo e qualquer cidadão brasileiro.

Neste capítulo, pretendo percorrer bases bíblicas e históricas para uma compreensão da urgente necessidade de unidade na igreja como vocação incontornável. Devemos ser capazes de

CAPÍTULO**10**

discernir os pontos fracos nos quais a cultura secular e diferentes ideologias estão penetrando na igreja e confundindo vocação com militância, evangelho com programa político e igreja com partidos. Isso é necessário e urgente porque, infelizmente, está aumentando o número de líderes e membros de igreja mais comprometidos com ideologias seculares do que com Jesus. Por fim, queremos sugerir caminhos e posturas que cremos estarem mais alinhadas ao Espírito de Cristo do que ao espírito deste tempo.

AS NOSSAS RAÍZES ESTÃO POSTAS

O Senhor deu à igreja diferentes dons, ministérios e operações do Espírito: "Façam todo o esforço para conservar a unidade do Espírito pelo vínculo da paz. Há um só corpo e um só Espírito, assim como a esperança para a qual vocês foram chamados é uma só; há um só Senhor, uma só fé, um só batismo, um só Deus e Pai de todos, que é sobre todos, por meio de todos e em todos" (Ef 4.3-6).

Paulo deixa transparecer com essas palavras que há uma relação íntima entre a unidade da Trindade e a unidade na igreja, associação que precisa voltar-se para o vínculo entre Cristo e o seu corpo a fim de que funcione. John Bunyan, ao escrever sobre unidade e paz na igreja, teve essa associação: "o corpo místico de Cristo mantém um paralelo com o corpo natural do homem".[1]

Para Jesus, a razão dessa unidade é "para que todos sejam um [...] para que o mundo creia que tu me enviaste" (Jo 17.11-21).

[1]*Um clamor por unidade e paz na Igreja*. Rio de Janeiro: GodBooks, 2020, p. 14.

WILLIAMDOUGLAS

A chave para a compreensão aqui é o anúncio e a aceitação da mensagem do evangelho: igrejas divididas não conseguirão convencer o mundo de que Jesus é o enviado de Deus.

Não só o anúncio do evangelho é prejudicado. Também a ação transformadora de pessoas, da cultura e da sociedade fica comprometida. A presença social da igreja necessita de articulação que promova a coesão, isto é, a unidade dos cristãos. Essa presença social foi determinante na sociedade de Antioquia, não por acaso a primeira sociedade onde os discípulos de Jesus foram, *pela primeira vez*, chamados "cristãos" (At 11.26).

Qual teria sido a razão para uma sociedade plural ter notado um grupo heterogêneo e percebido algo diferente em seus integrantes? Não conseguimos pensar em outra razão senão a unidade e o caminhar na mesma direção, como Paulo exortou: "Irmãos, em nome de nosso Senhor Jesus Cristo suplico a todos vocês que concordem uns com os outros no que falam, para que não haja divisões entre vocês, e, sim, que todos estejam unidos num só pensamento e num só parecer" (1Co 1.10).

Somente por meio dessa unidade (ainda que preservada a diversidade), a igreja conseguirá anunciar a sua vocação, para a comunicação do evangelho, por palavras ou por obras:

> Amados, insisto em que, como estrangeiros e peregrinos no mundo, vocês se abstenham dos desejos carnais que guerreiam contra a alma.
> Vivam entre os pagãos de maneira exemplar para que, mesmo que eles os acusem de praticarem o mal, *observem as boas obras* que vocês praticam e glorifiquem a Deus no dia da sua intervenção.
> **1PEDRO 2.11-12**

CAPÍTULO10

Há, aqui, uma ênfase escatológica no serviço ("boas obras [...] glorifiquem a Deus no dia da sua intervenção"). Mas, em todo caso, o tema central da passagem é a percepção que a sociedade tem da presença cristã no espaço público. Essa presença é movida pela ação social que busca o atendimento das necessidades e o suprimento das deficiências entre os "de fora" da igreja. O serviço cristão deve ser, primeiramente, voltado para os "domésticos da fé" (Gl 6.10), mas sem descuidar dos que estão no entorno.

A presença da igreja no espaço público carrega uma questão. Ela deve comportar a sua própria diversidade e, ao mesmo tempo, precisa ser conduzida pela unidade pretendida por Jesus. As diferenças existentes nas pessoas que compõem o corpo de Cristo foram planejadas por Deus, e espera-se que sejam percebidas quando estamos "em Cristo". Em Cristo não há distinções étnicas, econômicas ou culturais. Em Cristo somos um. "Pois não há distinção entre judeu e grego; porque o mesmo Senhor é o Senhor de todos, rico para com todos que o invocam" (Rm 10.12). E ainda: "pois ele [Cristo] é a nossa paz. De ambos os povos fez um só e, derrubando a parede de separação, em seu corpo desfez a inimizade" (Ef 2.14).

Não podemos ignorar as diferenças, até para o fim de apoiar aqueles que precisam de apoio, mas jamais as diferenças podem se tornar fator de desunião. O reforço de fossos identitários é totalmente contra o espírito contido na mensagem do Novo Testamento.

UMA NUVEM DE TESTEMUNHAS DE OLHO EM NÓS

Passados dois mil anos, não podemos reerguer o muro de separação que Cristo derrubou e levar as diferenças para fora da

WILLIAMDOUGLAS

comunhão do corpo de Cristo. É tarefa permanente insistirmos na comunhão que promove a unidade, na manutenção das bases comuns e no engajamento para fora dos muros eclesiásticos, uma vez que somos chamados para fora, a fim de ocupar conscientemente os espaços.

A igreja no Ocidente imprimiu sua marca nas sociedades e em diferentes setores da cultura e da vida humana. Por uma questão de espaço, não discutiremos prós e contras dessa presença, mas o saldo é altamente positivo nos países onde a fé cristã se expressa. O exemplo vem de longa data, não apenas de Antioquia. No Império Romano, onde a igreja saiu de uma posição marginal para a de protagonismo, observou-se o papel da unidade nas suas ações e como isso marcou uma divisão em sua história.

O historiador Alan Kreider distinguiu três gêneros de religião no Império Romano: a pública, a privada e a de crise.[2] O primeiro gênero reunia os movimentos públicos do próprio Império, desde o liturgismo político e a reconstrução do capitólio, passando pelos *jogos* nas arenas e nos anfiteatros. O segundo e o terceiro gêneros de religião falam diretamente ao nosso interesse sobre como podemos refletir e conduzir a igreja brasileira em nossos dias a partir da experiência positiva dos cristãos antigos. Nas chamadas *associações privadas*, que reuniam pessoas com finalidades sociais, profissionais ou mesmo religiosas, a unidade cristã combinava "funções sociais, funerárias e religiosas",[3] uma vez que os sepultamentos eram privilégios das classes abastadas.

---

[2] *O paciente fermento da Igreja Primitiva, o improvável crescimento do cristianismo no Império Romano.* Maceió: Sal Cultural, 2017, p. 50.

[3] Idem, p. 60.

CAPÍTULO**10**

E aqui tocamos a questão econômica vinculada a um elemento social e religioso: o atendimento e o amparo no momento de separação que a morte provoca. Muito se discute até que ponto é papel do Estado, do partido ou de qualquer outra instituição privada ou pública ir além das providências materiais de um funeral, por exemplo. A igreja, no entanto, pode fazer muito mais do que isso, especificamente em termos emocionais — e fazia isso à época. Um estudo citado por Kreider dá conta de que 65% da população de todo o Império estava abaixo dos níveis mínimos de subsistência.[4] Isso a excluía da possibilidade de associar-se a qualquer grupo social, uma vez que para tanto era preciso despender recursos. Fora das associações, a vida social era limitada e rigorosa.

No entanto, em Cartago, havia uma associação cristã que foi descrita por Tertuliano (160-220), em sua *Apologia 39*, como o meio pelo qual os membros "ensinam por obras".[5] Nos procedimentos para a associação constam práticas que lembram uma igreja tradicional, com diretrizes para reuniões, disciplinas, ordem e correção, entre outras coisas. O aspecto social que nos interessa é o livre acesso aos que não podiam empenhar sequer o mínimo de recursos, ou que por um infortúnio deixassem de pagar. Nem isso os privava de qualquer benefício.

Os "pobres", os "meninos e meninas órfãos e sem recursos, e ainda, escravos idosos e os náufragos; e os que estavam nas minas, ilhas ou prisões", e assim por diante, todos eram socorridos pelos cristãos. "Os ministérios sociais das assembleias cristãs eram amplos, refletindo suas membresias, que, mesmo em

---

[4]Idem, p. 62.
[5]Idem, p. 64.

WILLIAMDOUGLAS

tempos de perseguição, pareciam crescer em tamanho e diversidade socioeconômica".[6]

Nesse ponto, parece haver uma relação íntima entre o que Tertuliano escreveu sobre os cristãos da associação em Cartago e os discípulos chamados cristãos em Antioquia, e que é fundamental para nós, na igreja brasileira. Kreider introduz a informação da seguinte maneira:

> [...] as pessoas de fora olhavam para os cristãos e os viam [...] alimentando os pobres e sepultando-os, cuidado de meninos e meninas órfãos e desafortunados, sendo atenciosos com os escravos idosos e os prisioneiros. Eles interpretaram essas ações como uma "obra de amor". Eles disseram: "*Vide*, olhem! Como se amam uns aos outros". Eles não disseram: "*Aude*, ouçam a mensagem dos cristãos"; eles não disseram: "*Lege*, leiam o que eles escrevem". Ouvir e ler era importante, e alguns cristãos primitivos trabalharam para se comunicar também dessa forma. Mas não podemos perder a realidade: os pagãos disseram *olhem*! A verdade do cristianismo era visível.[7]

O quadro pintado por Tertuliano nos ensina duas situações que merecem atenção. A primeira é a radical compreensão e mobilização dos cristãos para os que primeiro merecem o cuidado, aqueles que hoje chamamos de vulneráveis: órfãos, viúvas, escravos, idosos, prisioneiros e até náufragos! Não é por acaso que, desde o Antigo Testamento, os vulneráveis da

---

[6]Idem, p. 66.
[7]Idem, p. 69.

sociedade foram alvo da atenção de Deus e, no Novo Testamento, lá estão eles novamente figurando como objeto da ação social (Êx 22.21-22; Tg 1.27).

A segunda situação é o "anúncio mudo" da mensagem do evangelho. É atribuída erroneamente a Francisco de Assis[8] a máxima: "Pregue o evangelho todo o tempo. Se necessário, use palavras". Essa citação, a despeito de quem seja a autoria, revela que nossas obras falam, e falam alto! A frase contém a um só tempo notícia e lição: a pregação deve ser sempre acompanhada de um modo de agir que dê exemplo e testemunho.

Além disso, um fundamento da boa prática de resolução de conflitos diz que em uma mesa de negociação as partes devem concentrar esforços no que procuram resolver. As particularidades, os aspectos secundários e cosméticos não podem roubar a atenção, de modo que se concentrem em ações voltadas para dentro e *fora* da igreja. É lá fora que podemos exercer a tolerância (Rm 15.1), promover a pacificação (Mc 5.9) e servir àqueles que nos odeiam, nos perseguem e nos maldizem (Lc 6.27-28).

No dizer do teólogo luterano Gottfried Brakemeier, existe uma necessidade social dentro e fora da Igreja, o que deve refletir a nossa visão de mundo e orientar a nossa missão. A igreja não deve se tornar um fim em si mesma. Ela "atinge seus objetivos apenas se for transparente para uma novidade de relações humanas em geral. [A igreja] quer extrapolar os limites de uma questão meramente eclesial. Não é possível viver fraternidade

---

[8] Jonatan R. do Nascimento, *Coisas que São Francisco NÃO disse (Parte 1)*. Disponível em <https://jonatanrn.medium.com/coisas-que-s%C3%A3o-francisco-n%C3%A3o-disse-parte-1-aca7196382c5>. Acesso em: 17 de fev. de 2021.

cristã à parte das estruturas sociais vigentes".[9] Em outras palavras, ser sal da terra e luz do mundo exige que as dinâmicas e as relações sociais da igreja sejam estabelecidas permanentemente. "À margem da sociedade, vivendo em guetos, não haverá como sermos sal, nem luz, nem como implantarmos o Reino, ou sequer manifestar a vontade de Deus para todo homem".[10]

Uma reflexão que um pastor certa vez propôs à igreja me marcou profundamente. Ele indagou: "Se sua igreja fosse retirada daqui, as pessoas sentiriam sua falta?". De fato, se uma igreja não marca sua presença na comunidade onde está inserida, seja evangelizando, seja servindo, alguma coisa está errada. As igrejas não podem viver ensimesmadas, voltadas apenas para uma agenda interna. Não se pesca dentro do aquário e não se pode fazer obra social apenas para a membresia. Os domésticos da fé são prioritários, mas não exclusivos. Aliás, a Bíblia fala para termos "bom testemunho" daqueles que são de fora (1Tm 3.7).

A RIQUEZA DA IGREJA

O Senhor chama pessoas bem diferentes. Essa diversidade é notada considerando-se qualquer critério: étnico, econômico, cultural, posição social e tudo o mais que pudermos enumerar. Uma das mais expressivas metáforas para a igreja é a metáfora do corpo (Rm 12; 1Co 12), na qual Paulo fala dos diferentes membros interagindo em favor do todo (que é o corpo), que

---

[9]"Reflexões teológicas sobre o ecumenismo brasileiro". In *Estudos Teológicos*; v. 31, no 1. São Leopoldo: EST, 1991, p. 11.

[10]PAGANELLI, Magno. *Intolerância religiosa na Igreja*. São Paulo: Reflexão, 2019, p. 64.

CAPÍTULO 10

obedece a uma só cabeça, que é Cristo. Esse é o modelo bíblico que podemos chamar de perfeito.

Quando olhamos a atual situação da igreja brasileira, sem considerarmos essa referência ou padrão bíblico, temos a impressão de que diferentes grupos criaram crenças e fés distintas, que não têm a menor conexão entre si. Falo das denominações, mas também penso nos modelos para cumprir a missão de Deus; e aí não posso esquecer que muita gente pensa que ideologias secularistas e ferramentas político-partidárias podem dar conta do alcance e da profundidade daquilo que o Senhor quer e pode fazer por meio dos membros do seu Corpo.

Paradoxalmente, a unidade e o amor entre os discípulos constituem elementos de anúncio do evangelho ao mundo, segundo anunciado pelo próprio Jesus e seus apóstolos. Ao dotar-nos com dons e dar-nos o seu Espírito, o Senhor conferiu-nos o poder transformador mais impactante que existe: o poder de penetrar a alma humana e mudá-la de dentro para fora mediante a pregação do evangelho.

Quando as pessoas de fora da igreja nos observam e não conseguem enxergar um elemento comum, um agente unificador, um mesmo sentido para as nossas ações e, ao contrário, nos encontram utilizando e flertando com os modelos e técnicas humanistas, secularistas e políticas, não há o menor apelo a que essas pessoas sejam atraídas nem convencidas de que verdadeiramente o Senhor está entre nós.

A solução pelo separatismo identitário ou por pautas de minorias não é bíblica; isso "esquarteja" o corpo do Senhor e fragmenta a sociedade. É ilusório pensar que movimentos e outros modos de lidar com preconceito, racismo e os marginalizados seja o melhor ou o ideal. Embora neguem, na prática os modelos vigentes criados pelos homens acentuam esses problemas, lançando mão até da violência — isso quando não são claramente usados como meio de submissão, curral eleitoreiro e cabresto.

A proposta de Jesus oferece menor resistência das pessoas quando comparada com a solução político-ideológica. No Brasil, onde a sociedade é majoritariamente conservadora e onde há intenso trabalho ideológico, a igreja não deveria se deixar levar por quaisquer cantos de sereia de qualquer dos lados, mas, sim, manter-se fiel às Escrituras e focada, de forma absolutamente prioritária, na agenda cristã, sem se deixar capturar ou manipular por ideologias e interesses seculares e temporais. Nesse passo, mais uma vez os servos de Deus são chamados a não se deixarem atrair pelos "manjares do rei". Essa expressão vai muito além dos bens materiais que acompanham os poderosos, mas também suas ideias e seus desejos de proeminência na vida de pessoas ou grupos.

A solução bíblica e cristã aproxima as pessoas da sociedade e da igreja, porque mostra que os cristãos, movidos por Cristo, se importam com elas; cria interfaces com a sociedade ao agir pelo bem comum; e traz uma pauta positiva. A solução bíblica une em vez de segregar, respeita os que não pensam do mesmo modo e trabalha com o amor em lugar do ressentimento e da vingança.

Por exemplo, o cristão, mais do que *não ser racista*, quer ir além de ser *antirracista*. Não é uma pauta *anti* um mal qualquer, mas uma postura e um comportamento integrais *pró* benefícios variados — queremos corrigir os problemas pessoais e estruturais que criam injustiças para que a vida de todos, ou da maioria, melhore substancialmente.

Vou além. A interface bíblica faz o cristão estar na linha de frente, conhecendo as realidades que não são suas, mas são de outros, e que importam a ele à medida que segue o exemplo de Jesus. Por fim, a interface bíblica mostra a superioridade da mente de Cristo e o poder da cosmovisão cristã, cuja solução agrega e une, em contraposição à solução ideológica e identitária de segregação que não condiz com nenhum aspecto básico ou fundamental do evangelho (embora haja quem diga que "sim"), nem na melhor interpretação dada pelas pessoas que entram por esse caminho.

Se nós, cristãos, seguirmos o desejo de Jesus de preservar a unidade e, ao fazer isso, conseguirmos sair de trás dos muros da igreja, ofereceremos uma alternativa pacífica aos movimentos surgidos nos últimos anos e mostraremos que existem caminhos para enfrentar as questões sociais mais prementes.

Com isso, mostraremos Jesus ao mundo, fazendo as pessoas terem contato com a Bíblia no modelo dito por Paulo: "Vocês mesmos são a nossa carta, escrita em nosso coração, conhecida e lida por todos" (2Co 3.2). Mais recentemente isso foi repetido, em outras palavras, na fala de Billy Graham: "Nós somos a Bíblia que o mundo está lendo e a pregação a que o mundo está prestando atenção".

WILLIAM DOUGLAS

Desembargador Federal (TRF2), professor universitário, mestre em Direito, pós-graduado em Políticas Públicas e Governo, escritor e conferencista.

CONCLUSÃO

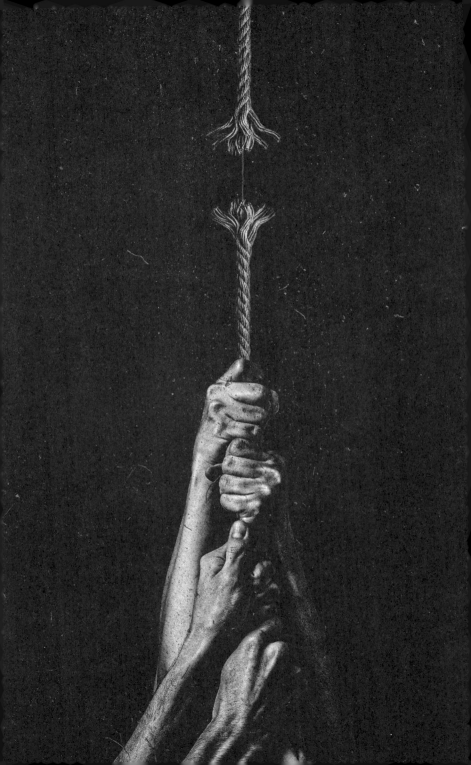

CONCLUSÃO

MAURÍCIO ZÁGARI

Muitos de seus discípulos disseram: "Sua mensagem é dura. Quem é capaz de aceitá-la?". Jesus, sabendo que seus discípulos reclamavam, disse: "Isso os ofende? Então o que pensarão se virem o Filho do Homem subir ao céu, onde estava antes? Somente o Espírito dá vida. A natureza humana não realiza coisa alguma. E as palavras que eu lhes disse são espírito e vida. Mas alguns de vocês não creem em mim". Pois Jesus sabia, desde o princípio, quem não acreditava nele e quem iria traí-lo. E acrescentou: "Por isso eu disse que ninguém pode vir a mim a menos que o Pai o dê a mim". Nesse momento, muitos de seus discípulos se afastaram dele e o abandonaram. Então Jesus se voltou para os Doze e perguntou: "Vocês também vão embora?". Simão Pedro respondeu: "Senhor, para quem iremos? O senhor tem as palavras da vida eterna. Nós cremos e sabemos que o senhor é o Santo de Deus".

JOÃO 6.60-69

O apóstolo João registra em seu Evangelho um diálogo extremamente importante entre Jesus e muitos dos que o seguiam, em uma conversa com aplicações visceralmente atuais. Na ocasião, o Senhor prega a sua mensagem e muitos de seus discípulos a rejeitam, por considerá-la "dura". Devemos atentar para a reação de Cristo: ele não sai atrás dos que lhe dão as costas tentando contemporizar; antes, mantém-se firme em seu discurso, sem flexibilizá-lo a fim de garantir a permanência dos seguidores. Mais ainda: ele se vira para os Doze e pergunta se eles acompanharão os dissidentes, como se dissesse: "Minha vontade é essa e não vou condescender para agradar quem a considera difícil, inviável, utópica ou o que for. Se vocês não a aceitarem, fiquem à vontade para partir". É quando Simão se posiciona, dizendo que, embora duras, as palavras de Cristo eram "da vida eterna".

Dentre as muitas palavras da vida eterna que Jesus pronunciou ao longo de seu ministério terreno estão estas: "Minha oração é que todos eles sejam um, como nós somos um [...] Eu dei a eles a glória que tu me deste, para que sejam um, como nós somos um. [...] Que eles experimentem unidade perfeita [...]" (Jo 17.20-23).

Sim, palavras de unidade. Palavras de vida eterna.

Confrontados por essas palavras reveladoras da vontade de Jesus — que ele não amaciará para agradar quem considera a unidade dos cristãos difícil, inviável, utópica ou o que for —, devemos nos perguntar: consideramos a mensagem da unidade dura e, por isso, daremos as costas para Cristo ou permaneceremos e acataremos a vontade do Santo de Deus?

Vimos, a partir das reflexões apresentadas pelos autores nos capítulos deste livro, que lutar pela unidade de todos os

CONCLUSÃO

cristãos não é opcional; antes, é parte entranhável do evangelho de Jesus. Não é um tema secundário, menor ou irrelevante: é parte do tutano da fé cristã. O corpo de Cristo não pode ser esquartejado e desmembrado por orgulhos, vaidades ou prepotências teológicas, doutrinárias, denominacionais ou ideológicas de seus membros. Nem mesmo o zelo apologético tem o direito de fazê-lo, quando o que está em jogo são divergências em aspectos secundários e não dogmáticos da fé.

Heresias devem ser combatidas, e os hereges não têm parte conosco. A esses devemos pregar o evangelho, convidando-os ao arrependimento e à conversão. Mas não configuram heresias crenças carismáticas, divergências sobre a doutrina da eleição, fórmulas batismais, partidos políticos de preferência, ideologias socioeconômicas, sistemas de governo eclesiástico, teorias escatológicas e outros aspectos periféricos da fé. Podem ser erros? Sim, e certamente muitos são. Mas ninguém deixa de ser irmão de outro porque o irmão errou em algo: o que determina a fraternidade — de sangue ou espiritual — não é concordância em tudo ou inerrância, é uma paternidade em comum. E, se Deus adotou muitos filhos diferentes de nós, quem somos nós para dizer que não são seus filhos? É senso comum que filhos do mesmo pai por vezes são muito diferentes — gêmeos idênticos são a minoria, e não a regra.

Os autores desta obra deixaram claro, mediante os argumentos bíblicos, teológicos, históricos e contextuais expostos ao longo dos capítulos, que a cristandade só tem a perder ao promover o sectarismo — como tem perdido, e muito. Pior é que não só a cristandade perde, mas o cristianismo também, e em diversos aspectos. A falta de unidade prejudica o testemunho público, o evangelismo, as missões, o saber teológico, as ações de socorro, a influência da igreja na sociedade, a força das instituições cristãs e muito mais. E isso por uma única razão: sempre que o pecado entra no seio da igreja, todo o corpo sofre.

E agir contra a unidade de todos os cristãos é pecado.

Já passou da hora de os sectários, que amam mais suas opiniões, denominações, ideologias políticas e seus sistemas teológicos do que a vontade de Cristo expressa em João 17.20-23, compreenderem que não é necessário ser igual ou uniforme para viver em unidade. Unidade se alcança quando se valoriza o que se tem em comum e se trata com graça e amor aquilo que diferencia irmãos. E isso não é utópico, em absoluto, tampouco contamina a sã doutrina: é um caminho de vida, pela soma de dons, talentos e chamados em prol do reino de Deus, e uma vereda que leva à glória de Pai, Filho e Espírito Santo.

Não é difícil compreender que, se Jesus almeja a unidade da igreja, ela não pode ser uma possibilidade nociva para as comunidades locais, os grupos denominacionais ou a sã doutrina bíblica. Seria insanidade espiritual crer nisso e demonstrar tamanho desdém pelos critérios e pela capacidade de discernimento do Senhor. Jesus, que chamou doze homens extremamente diferentes para compor seu quadro de aprendizes mais próximos, sempre soube que haveria diversidade no meio de seu povo e, ainda assim, almejou calorosamente a *unidade perfeita* de todos os que viriam a crer nele por meio da pregação.

Portanto, já passou — e muito — da hora de pararmos, respirarmos do oxigênio bíblico que perfuma o ar fora do ambiente tóxico do sectarismo e nos perguntarmos: será que estamos errando ao defender mais nossos sistemas doutrinários, teológicos e denominacionais humanos e imperfeitos do que a unidade da igreja de Cristo? Se estamos, em quê? E o que podemos

CONCLUSÃO

fazer para remediar toda a desunião que promovemos até aqui? Quantos espinhos Deus ainda terá de permitir que tenhamos na carne para que não nos ensoberbeçamos por crer ser os detentores das mais puras e inerrantes revelações celestiais — ainda que sejamos? Quanto estamos perdendo por trancafiar do lado de fora de nossos afetos, de nossa convivência e de nossos esforços em prol do reino aqueles que consideramos ser pessoas indignas dos relacionamentos de gente tão santa, pura e infalível como nós?

A parábola do filho pródigo traz entre seus muitos ensinamentos uma lição preciosa de unidade. Ao ver o pai acolher o caçula e não o rejeitar, apesar de seus muitos erros, o primogênito se recusa a até mesmo estar na presença do irmão que ele considera indigno. Com isso, deixa visível seu coração destituído de amor, graça e compaixão e cheio de arrogância, senso de justiça própria e pretensões de superioridade. Ao ver o pai demonstrar amor por aquele que ele considerava indigno até mesmo de ser contado como filho, o primogênito "se irou" (Lc 15.28). O mesmo temos feito nós, ao não admitirmos que o Pai possa considerar como filho quem tenha a audácia e a petulância de discordar de nós.

Esse mesmo espírito de irmão mais velho do filho pródigo está enraizado no coração de muitos cristãos de nossos dias — entre os quais, desgraçadamente, muitos líderes eclesiásticos, teólogos de renome, formadores de opinião, personalidades midiáticas e pessoas de influência. E esse espírito — maligno — precisa ser exorcizado, no nome de Jesus. Em seu lugar, devemos orar para que o Espírito Santo faça frutificar amor, alegria, paz, paciência, amabilidade, bondade, fidelidade, mansidão e domínio próprio.

MAURÍCIOZÁGARI

Em vez de irar-nos, em nome de um religiosismo intolerante e soberbo, que leva ao ódio, às divisões, às facções e a outras obras da carne, devemos orar, proclamar o evangelho e instruir. Fazer a nossa parte para que o segmento sectário da igreja de Jesus Cristo, que inclui muita gente de altos escalões teológicos e denominacionais, tenha as escamas removidas dos olhos e passe a enxergar com mais humildade, acolhimento e pacificação o irmão mais novo que consideramos tão indigno de nossa companhia, nosso relacionamento e nosso amor.

E que Deus nos ajude a amar por palavras e atitudes, desde já, todos os participantes da imensa multidão, grande demais para ser contada, de todas as nações, tribos, povos e línguas que um dia adorarão diante do trono e do Cordeiro. Multidão essa que terá em seu meio muitos que, hoje, caminham entre nós sem concordar em tudo conosco, frequentam nossas redes sociais e fazem comentários divergentes de nossa opinião em nossos *posts*, votam no político que detestamos, congregam em denominações distintas, creem na doutrina da eleição de um modo com que não concordamos, acreditam na manifestação dos dons de um jeito que não acreditamos e batizam como não batizamos — mas, ainda assim, foram alcançados pela graça redentora da cruz. E, não esqueçamos, são chamados pelo Criador de céus e terra de *filho* e *filha*. Assim como eu. Assim como você.

É por isso que devemos viver em unidade.

E unidade... *perfeita*.

Conheça outras obras da GODbooks

UM CLAMOR POR UNIDADE E PAZ NA IGREJA

No mundo da era digital, quando as redes sociais e outras mídias amplificaram a amarga voz de pessoas agressivas e sectárias que trafegam pelos corredores das igrejas, ouvir a voz de John Bunyan é mais que um bálsamo: é uma urgência. Neste livro, o autor de *O peregrino* conclama os cristãos a priorizar a unidade pelo que têm em comum em vez de se atacar pelo que têm de diferente.

REINO DIVIDIDO

Muitos são os grupos, as práticas e as crenças que separam os membros do corpo de Cristo. Se ter divergências faz parte da natureza humana, qual seria a forma bíblica de lidar com elas? Promovendo unidade na diversidade ou sectarismo exclusivista? É o que Gutierres Fernandes Siqueira responde em *Reino dividido*.

Adquira: www.godbooks.com.br
Siga-nos nas redes sociais: @editoragodbooks

Este livro foi impresso pela Cruzado, em 2022, para a Thomas Nelson Brasil. O papel do miolo é pólen bold 90 g/m² e o da capa é cartão 250 g/m².